MOEWIG SACHBUCH

Zum Buch

Heidelore Kluge zeigt in diesem Buch, wie man Umweltschutz im täglichen Leben praktizieren kann. Von Januar bis Dezember hat sie für jeden Monat Schwerpunktthemen zusammengestellt. Sie demonstriert, daß Umweltschutz nicht unbedingt eine Frage eines zusätzlichen finanziellen Aufwandes sein muß.

Zur Autorin

Die 1949 geborene Autorin lebte nach ihrem Abitur längere Zeit in England, war 7 Jahre in der Raumfahrtindustrie als Übersetzerin und Dokumentarin tätig, bevor sie sich mit Ökologie und Naturkosmetik befaßte. Bekannt wurde sie durch ihre Sachbuch- und Kinderbuch-Publikationen, ihre Hörfunksendungen und zahlreichen Zeitschriftenartikel.

GRÜN BUCH

1

HEIDELORE KLUGE

UMWELT LEXIKON

VON JANUAR-DEZEMBER

MOEWIG Band Nr. 3279
Verlag Arthur Moewig GmbH, Rastatt

Lektorat: Anne Kaiser
Umschlagentwurf und -gestaltung: Werbeagentur Zeuner, Ettlingen
Verkaufspreis inkl. gesetzl. Mehrwertsteuer
Auslieferung in Österreich:
Pressegroßvertrieb Salzburg, Niederalm 300, A-5081 Anif
Printed in Germany 1987
Druck und Bindung: Ebner Ulm
ISBN 3-8118-3279-4

Inhaltsverzeichnis

Januar

Heizen: So schonen Sie Umwelt und Geldbeutel . . 12
Kontrollieren Sie Ihre Heizgewohnheiten 13
Energiesparen durch Isolieren 14
Energiesparen durch Modernisierung. 17
Umwelttips für Kamin und Kachelofen 18
Extra-Tips-Extra-Tips-Extra-Tips-Extra-Tips . . . 19
Alternativen zum Streusalz 21
Winterfütterung der Vögel. 23
Überlegungen zum Wintersport 25

Februar

Müll – ein Kapitel für sich 28
Müllbeseitigung – Müllverwertung 30
Sondermüll 31
Packen Sie das Müllproblem bei der Wurzel –
Kaufen Sie verpackungsbewußt ein!. 32
Extra-Tips-Extra-Tips-Extra-Tips-Extra-Tips . . . 34
Energiesparen – auch bei der Beleuchtung 36

Spraydosen zerstören die Ozonschicht! 38

März

Machen Sie Putz! 42
Fensterputzen – mühelos und ohne Umweltgefährdung 44
Waschbecken, Wanne und WC – auch ohne Chemie alles okay 46
Nicht nur mit Füßen treten: Fußböden und Teppiche 49
Gepflegte Möbel – auch ohne Sprays 51
Frühlingsfrische in der Küche 53
So pflegt man Glas, Porzellan und Kristall 54
Die Pflege von Metallgegenständen 55
Extra-Tips-Extra-Tips-Extra-Tips-Extra-Tips . . . 58

April

Große Wäsche – aber richtig 62
Energiespartips für Waschmaschinen 63
Energiespartips für Wäschetrockner 64
Umgang mit Waschmitteln 65
Fleckenmittel-ABC 67

Mai

Umweltschutz im Garten 76
Tips für Einsteiger und Umsteiger 77
Kompost – Zubereitung und Verwendung 82
Flüssigdünger – selbstgemacht 83
Biologischer Pflanzenschutz durch Mischkultur . . 85
Erste Hilfe im Biogarten 87
Auch beim Gießen: Wasser sparen! 89

Juni

Umweltfreundlich Auto fahren 92
Überlegungen zum Autokauf 92
Wartungs-Tips 93
Fahr-Tips 94
Extra-Tips-Extra-Tips-Extra-Tips-Extra-Tips . . . 96
Möglichkeiten zum Wassersparen im Haushalt . . . 97
Wassersparen in Bad und WC 99
Spartips für den Warmwasserverbrauch 100

Juli

Kosmetik ohne Schönfärberei 104
Darauf sollten Sie beim Einkauf achten 105
Kosmetik zum Selbermachen 107
Rezepte für die Gesichtspflege 107
Rezepte für die Handpflege 112
Rezepte für die Fußpflege 113

Rezepte zur Körperpflege 113
Rezepte zur Haarpflege 116

August

So schützt man sich gegen Insekten und anderes Ungeziefer auf umweltfreundliche Art 120
Sommerzeit – Grillzeit 125
Legen Sie die Ernte auf Eis – Tips zum Kühlen und Gefrieren 126
Gedanken zum Abwasch 129

September

Bewußte Ernährung: Gesundheits- und Umweltschutz zugleich 132
Darauf sollten Sie beim Einkauf achten 133
So schützen Sie sich vor Salmonellen-Bakterien . . 135
So schützen Sie sich vor Schimmelpilzen 136
So schützen Sie sich vor Solanin 136
So schützen Sie sich vor Benzypren 137
So schützen Sie sich vor Schwefel 138
So schützen Sie sich vor Schwermetallen 138
So schützen Sie sich vor Schadstoffen in Obst und Gemüse 140
Die dritte Haut 142
Baustoffe 142
Holzschutzmittel 144
Farben und Lacke 145

Fußbodenbeläge 146
Extra-Tips-Extra-Tips-Extra-Tips-Extra-Tips . . . 147

Oktober

Energiesparen beim Kochen und Backen 150

November

Gesund in den Winter! 154
Hausmittel gegen Weh und Wunden. 155

Dezember

Weihnachtsgeschenke ohne Gefahr für Mensch und Umwelt 176

Januar

Heizen: So schonen Sie Umwelt und Geldbeutel

Über 80 Prozent der gesamten Energie, die in privaten Haushalten verbraucht wird, entfällt auf die Heizung! Wenn man bedenkt, daß Energie (Öl, Holz usw.) nicht unbegrenzt zur Verfügung steht bzw. nur unter Risiken für Gesundheit und Umwelt erzeugt werden kann (Strom, Atomstrom), und daß überdies beim Heizen die Umwelt mehr oder weniger stark durch Abgase belastet wird, sollte dies schon ein Anstoß sein, sich über die Energieeinsparung beim Heizen Gedanken zu machen – eine Einsparung, die sich übrigens auch in Mark und Pfennig bezahlt macht!

Wärmedämmung, Modernisierung der Heizanlage oder gar Einbau einer Alternativheizung (z. B. über Sonnenkollektoren) – das sind Möglichkeiten zur Energieeinsparung und zur Minderung der Umweltbelastung, die allerdings sehr kostenintensiv sein können. Aber es gibt auch weniger aufwendige Möglichkeiten, Umwelt und Portemonnaie gleichermaßen zu schonen – zum Beispiel die Kontrolle und (gegebenenfalls) Änderung der eigenen Heizgewohnheiten.

Die folgenden Seiten bringen Ihnen eine Fülle von Anregungen, wie Sie umweltfreundlicher heizen können.

Kontrollieren Sie Ihre Heizgewohnheiten!

Stellen Sie die Raumtemperatur nicht höher ein als für Ihre Behaglichkeit nötig. Eine Reduzierung der Temperatur um ein Grad werden Sie gar nicht spüren, zumal wenn Sie in den Wintermonaten auch in Innenräumen Winter- und keine Sommerkleidung tragen!

– Wählen Sie jeweils die optimale Raumtemperatur – zum Beispiel Küche kälter als Arbeitszimmer, Gäste-WC kälter als Badezimmer usw.

– Oft und kurz lüften spart mehr Energie, als wenn Sie stundenlang das Fenster ein bißchen offenhalten. Vermeiden Sie deshalb jede Dauerbelüftung.

– In der Übergangszeit im Herbst und Frühling sollten Sie lieber zum dicken Pullover und zur Wolldecke greifen anstatt gleich die Heizung anzustellen.

– Tragen Sie warme Strümpfe und warme Hausschuhe – warme Füße sind die beste Garantie für Behaglichkeit!

– Bauen Sie Ihre Heizkörper nicht zu. Sonst staut sich die aufsteigende Warmluft, d. h. im Raum bleibt es kalt, und nur in der Nähe der Heizkörper wird es sehr heiß. Möbel vor den Fensternischen sollten einen Abstand von mindestens zwanzig Zentimetern haben, damit die Wärme in Richtung des kalten Fensters aufsteigen kann.

– Luft im Heizkörper verschlechtert die Wärmeabgabe. Prüfen Sie deshalb regelmäßig mit einem Entlüftungsschlüssel, ob aus dem Entlüftungsventil Luft oder – wie es sein sollte – Heizwasser austritt. Luft macht sich im Heizkörper durch Gluckergeräusche bemerkbar!

– Schließen Sie abends Rolläden oder Fensterläden, und ziehen Sie die Gardinen vor.

– Wenn die Heizkörper unter den Fenstern stehen, ist es wichtig, darauf zu achten, daß Vorhänge und Gardinen möglichst dicht an den Fensterscheiben aufgehängt sind. Andernfalls wird nämlich der Raum zwischen Fenster und Gardine mehr beheizt als das Zimmer selbst. Ist dies nicht möglich, kann man die Vorhänge auch so weit kürzen, daß die Heizkörper ihre Wärme ungehindert ins Zimmer abstrahlen können.

Energiesparen durch Isolieren

– Isolieren lohnt sich: Etwa 30 Prozent der Heizenergie gehen durch undichte Stellen im Haus verloren!
– Kalte Fußböden sind ungemütlich und schlucken Heizenergie. Teppiche aus Naturmaterialien (Wolle, Kokos, Filz) isolieren den Boden ausgezeichnet.
– Wenn Sie über einem unbeheizten Raum wohnen, isolieren Sie dort die Decke ausreichend ab und sorgen Sie dafür, daß es nicht zu kalt wird – z. B.: Garage geschlossen halten, Garagentor abisolieren, Kellerfenster schließen!
– Die Heizkörpernische sollte wärmegedämmt sein. Sie hat im Normalfall nur eine dünne Außenwand und – wenn überhaupt – nur eine geringe zusätzliche Wärmedämmschicht. Gerade in diesem Bereich sollte aber der Wärmeschutz besonders gut sein, weil in der unmittelbaren Nähe des Heizkörpers die höchste Lufttemperatur herrscht und dabei besonders viel Wärme durch die Wand nach außen dringt. Die Heizkörpernische läßt sich

durchaus nachträglich – also nach bereits erfolgtem Einbau der Heizkörper – isolieren!

– Schlecht isolierte Heizungsrohre und Armaturen sowie der gesamte Kessel heizen meistens auch den Keller oder andere nicht zu beheizende Räume stark auf. Durch Isolierung mit neuartigen Materialien (Baumarkt, Fachgeschäft) läßt sich der Wärmeschutz bereits bestehender Anlagen immer wieder verbessern und somit Energie einsparen.

– Ist die Eingangstür stark dem Wetter ausgesetzt, macht sich der Einbau eines Windfangs schnell bezahlt.

– Alte Schornsteine, die für Kohlebeheizung ausgelegt sind, haben für Öl- und Gasfeuerungen oft einen zu großen Querschnitt. Außerdem sind sie meistens auch nur unzureichend gegen Wärmeverluste gedämmt. Nach Absprache mit dem zuständigen Schornsteinfegermeister kann der Kaminquerschnitt nachträglich verkleinert und dadurch eine günstigere Verbrennung erreicht werden.

– Doppelfenster reduzieren den Wärmeverlust gegenüber der Einfachverglasung um die Hälfte. Eine Dreifachverglasung verbessert die Wärmeisolierung noch beträchtlich. Je besser die Fenster isoliert sind, desto wirkungsvoller ist übrigens auch der Schallschutz!

– Wer sich mit einfach verglasten Fenstern abfinden muß (z. B. als Mieter oder aus Kostengründen), kann während der Heizperiode einige von ihnen mit speziellen preiswerten Folien, die einreißfest und temperaturunempfindlich sind, wirkungsvoll isolieren. Je dicker das Luftpolster zwischen den Scheiben ist (optimal sind sechs Zentimeter), desto besser ist die Wärmedämmung.

– Abgedichtete Fensterfugen helfen Heizkosten sparen und machen das Raumklima angenehmer. Fugen von Fenstern und Türen lassen sich problemlos mit selbstklebenden Isolierstreifen abdichten.
– Auch die Anschlüsse der Fenster an die Außenwand sollten winddicht sein. Risse und Fugen an diesen Stellen lassen sich elastisch dichten.
– Die meisten Beschlagteile eines Fensters lassen sich nachstellen. Prüfen Sie, ob der geschlossene Fensterflügel rundum dicht angepreßt wird und keine Heizenergie unnötig entweichen läßt.
– Rolläden sparen in der Nacht zusätzliche Energie. Wenn ein Rolladen vorhanden ist, sollte er auch geschlossen werden!
– Der Rolladenkasten muß wärmegedämmt und winddicht sein – deshalb die Ränder des Deckels mit einem Dichtungsband abdichten.
– Dämmen Sie Ihr Dach zwischen den Sparren mit umweltfreundlichen und gesundheitlich unbedenklichen Materialien (keine Ureal-Formaldehyd-Ausschäumung!) zehn Zentimeter dick.
– Bei nicht benutzten Spitzböden ist es besser, die Geschoßdecke als die Dachschrägen zu isolieren. Das ist nicht nur wirksamer, sondern auch billiger, weil die Fläche kleiner ist.
– Besonders wichtig ist die Wärmedämmung bei Einfamilienhäusern mit Flachdächern. Hier machen sich auch höhere Investitionen bezahlt, weil durch eine Isolierschicht bis zu 90 Prozent der über diese Fläche entweichenden Energie zurückgehalten werden können.
– Die nachträgliche Dämmung von Außenwänden

durch Dämmputz oder Thermohaut amortisiert sich erst nach sehr langer Zeit (etwa 15 Jahre). Eine Dämmung lohnt sich eigentlich nur, wenn es sich um Hohlraumausfüllung bei zweischaligem Mauerwerk handelt – dann macht sie sich bereits nach drei bis vier Jahren bezahlt.
– Müssen die Außenwände Ihres Hauses aber ohnehin – aus welchen Gründen auch immer– neu verputzt werden, kann eine Wärmedämmung allerdings lohnend sein. Wer statt sechs Zentimeter Dicke dann acht oder zehn wählt, bezahlt nur wenig mehr, kann aber die Dämmwirkung um bis zu ein Drittel verbessern! Man sollte dabei also nicht am falschen Platz sparen.
– Auch Fassadenbegrünungen sparen Heizenergie und bieten überdies einen schönen Anblick. Sprechen Sie mit einem Gärtner darüber, der über Erfahrungen auf diesem Gebiet verfügt!

Energiesparen durch Modernisierung

– Ist Ihre Heizungsanlage mit einer Abgasklappe ausgestattet? Die Investition beträgt etwa 800 Mark, hat sich aber in spätestens fünf Jahren amortisiert.
– Wenn Sie einen atmosphärischen Gasbrenner (also einen Brenner ohne Gebläse) besitzen, brauchen Sie nur etwa 150 Mark zu investieren für eine thermisch gesteuerte Abgasklappe, die sich spätestens nach einem Jahr bezahlt macht.
– Die nachträgliche Ausrüstung der Heizungsanlage mit einer Heizungsregelung ist zwar sehr teuer (etwa 1600

Mark), macht sich aber schon nach wenigen Jahren (je nach Hausgröße) bezahlt.

– Hat Ihr Heizkessel die optimale Größe? So können Sie eine erste Schätzung vornehmen: teilen Sie die beheizte Wohnfläche durch 10 (bei freistehenden Häusern durch 8) – so erhalten Sie die ausreichende Nennwärmeleistung Ihres Kessels in Kilowatt.

– Wenn Sie eine Ölheizung haben, sollten Sie sich einen immissionsarmen Ölzerstäubungsbrenner (ausgezeichnet mit dem „Blauen Engel"!) einbauen lassen. Er hat eine geringere Rußentwicklung bei höherem Wirkungsgrad.

– Fragen Sie einen Fachmann, ob sich die Ablösung Ihres alten Heizkessels durch einen neuen lohnt. Das kostet zwar erst einmal eine Menge Geld, aber ein moderner, energiesparender Heizkessel hat sich schon nach einigen Jahren bezahlt gemacht.

– Bauen Sie Thermostatventile ein! Pro Heizkörper müssen Sie etwa 100 Mark investieren, die sich aber schon nach zwei Jahren bezahlt gemacht haben.

Umwelt-Tips für Kamin und Kachelofen

– Verbrennen Sie in Ihrem Kamin oder Kachelofen nur trockenes, gut abgelagertes (keinesfalls waldfrisches) Holz.

– Verbrennen Sie auch keine imprägnierten, beschichteten oder in anderer Art behandelten Holzteile – diese setzen giftige Gase frei.

– Verzichten Sie auf sogenannte Ökobriketts aus Altpapier. Dadurch können Schwermetalle freigesetzt werden.
– Papier sollten Sie nur zum Anzünden des Holzstapels verwenden und Ihre Papier- und Kartonabfälle lieber für die Altpapierverwertung sammeln.
– Ein Kamin oder Kachelofen verbraucht viel Sauerstoff. Lassen Sie deshalb die Türen zu anderen Räumen offen oder öffnen Sie das Fenster einen Spaltbreit – auch wenn dabei Wärmeenergie verlorengeht.
– Wenn Sie einen Neubau planen, denken Sie daran, daß man über Kamin und Kachelofen auch Warmwasser erzeugen kann. Erkundigen Sie sich nach entsprechenden Modellen.

Extra-Tips-Extra-Tips-Extra-Tips-Extra-Tips

– Lassen Sie Ihre Heizanlage regelmäßig warten.
– Reinigen Sie regelmäßig die Heizflächen Ihres Kessels.
– Dichten Sie den Kessel mit Kesselkitt ab.
– Halten Sie in beheizten Räumen viele Grünpflanzen – diese verbessern durch die Verdunstung das Raumklima.
– Holz- und Kohleöfen brauchen regelmäßige Pflege: deshalb nach der Heizperiode gründlich reinigen und entschlacken und die Ofenrohre entrußen und gegebenenfalls erneuern.
– Verzichten Sie auf Heizkörperverkleidungen – diese können zu Wärmeverlusten von bis zu 15 Prozent führen.

– Es ist nicht nur sparsamer, sondern auch gesünder, wenn man sich zu Beginn der Heizperiode nicht gleich an zu hohe Innentemperaturen gewöhnt!

– „Warme“ Farben bei Wänden und Einrichtung rufen ein verstärktes Wärmegefühl hervor.

Alternativen zum Streusalz

Streusalz verursacht zum Teil schwerwiegende Umweltschäden:

– Ganze Baumalleen werden dadurch zum Absterben gebracht und an Straßen gelegene Grundstücke schwer geschädigt. Das hat schwerwiegende ökologische Folgen für weite Bereiche neben Straßen und Wegen!

– Durch einen hohen Salzgehalt im Wasser wird in den Kläranlagen die Reinigungsleistung herabgesetzt.

– Streusalz führt zu einer zunehmenden Versalzung des Grund- und Trinkwassers. Über den hohen Salzgehalt im Trinkwasser führt es indirekt zu Bluthochdruck beim Menschen!

– Haustiere leiden im Winter besonders unter dem Streusalz, denn es verätzt Tierpfoten.

– Streusalz verursacht eine Verkrustung und Verdichtung der Bodenstruktur.

– Es führt zum schnelleren Rosten von Autos.

– Es greift Materialien wie Schuhe, Gehwegplatten, Straßenbelag, Beton usw. an.

Als Alternativen zum Streusalz bieten sich an:

– Die Räumung mit Schaufeln und Schneeschiebern.

– Das Abstreuen von Wegen und Einfahrten mit Sand, Kies, Splitt und Granulat.

– Inzwischen gibt es umweltfreundliche salzfreie Streumittel im Handel, die von der „Jury Umweltzeichen“ mit dem „Blauen Engel“ ausgezeichnet wurden. Achten Sie beim Einkauf auf dieses Zeichen.

– Gewarnt werden muß vor falschen Alternativen zum Salz! Sogenannte chemische Auftaumittel, die als Salz-Ersatz angeboten werden, enthalten Harnstoff und Ammoniumverbindungen und sind weitaus umweltschädlicher als Salz!

Winterfütterung der Vögel

Kaum ein Thema ist unter Naturfreunden so umstritten wie die Winterfütterung der Vögel. Jedes Jahr werden allein in der Bundesrepublik Deutschland 25 bis 30 Millionen Mark für Vogelfutter ausgegeben, um den Tieren in gutem Glauben auch im Winter Nahrung zu bieten. Dabei muß jedoch darauf hingewiesen werden, daß für den direkten Artenschutz im Sinne der Erhaltung einer Vogelart die Fütterung nahezu sinnlos ist. Gefährdete Arten bekommen wir ohnehin so gut wie nie an unser Futterhaus, die übrigen Arten sind an die kalte Jahreszeit meistens sehr gut angepaßt.

Nur in extrem kalten Wintern ist deshalb eine Winterfütterung unumgänglich. Andererseits sollte man nicht verkennen, daß eine solche Fütterung durchaus einen Effekt im Sinne des Tierschutzes und im Sinne wertvoller Pädagogik haben kann – was ja auf lange Sicht auch wieder dem Naturschutz dient. Man sollte die Winterfütterung deshalb nicht verdammen. Wichtig ist aber eine richtig durchgeführte und sachgemäß gehandhabte Fütterung – in jedem Jahr gehen mehr Vögel an unsachgemäßer Fütterung zugrunde, als durch Zufüttern überleben.

– Füttern Sie nur bei geschlossener Schneedecke, bei Vereisung und bei Dauerfrost unter –5° C.

- Füttern Sie maßvoll und regelmäßig.
- Schützen Sie das Futter vor Nässe.
- Verwenden Sie überdachte Futterhäuschen.
- Schützen Sie das Futterhäuschen vor Katzen, z. B. sollte sich in der Nähe kein Gebüsch befinden, wo sich Katzen verstecken könnten.
- Säubern Sie den Futterplatz möglichst mehrmals am Tag.
- Wenn Krankheiten auftreten (aufgeplusterte Vögel sitzen herum und sterben nach ein bis zwei Tagen), muß die Fütterung eingestellt und die Futterstelle desinfiziert werden.
- Füttern Sie keine Essensreste und kein Brot.
- Niemals gesalzenes Futter anbieten!
- Für Körnerfresser eignen sich Hanf- und Sonnenblumenkerne, für Weichfresser empfiehlt sich ein Weizen-Kleie-Gemisch.

Überlegungen zum Wintersport

Auch und gerade im Urlaub können wir dazu beitragen, daß Natur und Umwelt – soweit dies noch möglich ist – intakt bleiben. Eine Möglichkeit dazu ist der Verzicht auf „unökologische“ Sportarten. Im Winter beispielsweise beim Skifahren. So führt der massenweise betriebene Abfahrtslauf dazu, daß viele Almwiesen zu Schotterwüsten werden, daß die Infrastruktur vieler Dörfer zerstört und durch Betonwüsten ersetzt wird, daß Skilifte inzwischen alle schönen Berge verschandeln usw. Wenn man bedenkt, daß überdies der Abfahrtslauf durch eine hohe Unfallrate belastet ist, fällt es vielleicht leichter, sich statt dessen für den Langlauf zu entscheiden.

Der Langlauf erfordert kaum eine eigene Infrastruktur, ist eindeutig gesünder und kann in vielen Gegenden auch bei geringer Schneehöhe „von der Haustür aus“ ausgeübt werden, erspart also lange Anfahrtswege. Außerdem ist Langlaufen wesentlich billiger! Bedenken Sie aber auch hier, daß Sie Rücksicht auf die Natur nehmen sollten. Das im Winter geschwächte Wild wird durch viele Langläufer oft aufgeschreckt und damit noch mehr geschwächt. Laufen Sie deshalb zumindest am Wochenende ausschließlich auf den festgelegten Loipen.

Februar

Müll – Ein Kapitel für sich

Von allen Dingen, die wir täglich kaufen, wandert ein – kleinerer oder größerer – Teil täglich in den Müll. Das Wegwerfen ist schon fast zu einer Reflex-Handlung geworden, die wir kaum noch bewußt registrieren. Einmal in der Woche wird der Müll ja sowieso abgeholt, und wir sind ihn los. Mitunter allerdings begegnen wir ihm doch noch einmal wieder – beim Anblick der Mülldeponien, die – wie wir feststellen – die Landschaft verschandeln. Aber sie sind nicht nur ein optisches Ärgernis – fast täglich können wir in den Medien davon hören und lesen, daß unsere Abfalldeponien uns auch (lebens-)gefährlich werden können.

Der Überfluß einer auf Konsum ausgerichteten Industriegesellschaft bringt gleichzeitig einen Überfluß an Abfallprodukten mit sich und produziert dadurch einen Müllberg, der von Jahr zu Jahr größere Ausmaße annimmt. Hier stellt sich nicht nur die Frage der Beseitigung, sondern auch und vordringlich die Frage der Reduzierung!

Das gesamte Abfallaufkommen der Bundesrepublik Deutschland wird gegenwärtig auf gut 170 Millionen Tonnen im Jahr geschätzt. Davon entfallen auf Siedlungsabfälle (Hausmüll, Sperrmüll, hausmüllähnliche Gewerbeabfälle) etwa 26 Millionen Tonnen. Pro Bundesbürger entspricht das einem Hausmüllanfall von 300 bis 400 Kilogramm im Jahr.

Früher bestand der Hausmüll zu über zwei Dritteln aus Asche und Schlacken der Kohleöfen, etwa ein Viertel des Mülls entfiel auf organische Abfälle aus Küche und Garten. Seit den 50er Jahren und dem vielzitierten „Wirtschaftswunder" hat sich mit unserer Einstellung und Verhaltensweise auch das Abfallaufkommen dramatisch verändert – und ebenso die Zusammensetzung des Mülls. Neben langlebige Gebrauchsgüter traten immer mehr kurzlebige „Wegwerfartikel". Solche Einweg-Waren werden nach Gebrauch in den Mülleimer geworfen und durch neue Produkte ersetzt.

Heute besteht unser Abfall zu über der Hälfte aus Verpackungsmaterialien. Hauptanteil sind hierbei Papier und Pappe sowie Kunststoff und Weißblech. Organische Küchenabfälle, Textilien, Holz, Gummi und Leder stellen den Rest. Die Anteile an Asche, Sand usw. sind auf wenige Prozent zusammengeschrumpft.

Bald geht es an den Frühjahrsputz! Nehmen Sie diese Tatsache doch zum Anlaß, im ganzen Haus eine Entrümpelungs-Aktion zu starten und gleichzeitig einmal darüber nachzudenken, ob sich nicht ein Teil des Mülls sinnvoll wiederverwerten oder sogar ganz vermeiden ließe.

Müllbeseitigung– Müllverwertung

Der anfallende Müll kann durch Recycling (wie Papier, Glas, Aluminium, Altkleider, Kompost, Sperrmüll) und getrennte Müllverwertung (wie Batterien, Arzneimittel, Sonderabfälle) auf ein nur geringes Volumen und Gewicht gebracht und relativ giftfrei gehalten werden.

– Für Zeitungen, Zeitschriften und Kartonpappe gibt es – ähnlich den Altglasbehältern – an vielen Orten Sammelcontainer.

– Vielfach kann man das Altpapier bei Sammlungen von karitativen Verbänden oder Sportvereinen loswerden. Es wird dann der Wiederverwertung zugeführt. Um einen problemlosen Abtransport zu gewährleisten, sollten Sie das Altpapier sauber gebündelt bereithalten.

– Wenn Sie die Möglichkeit dazu haben, bringen Sie Küchen- und Gartenabfälle auf den Komposthaufen, wo sie zu Dünger verrotten. Wegen der Luftbelastung sollten Gartenabfälle möglichst nicht verbrannt werden!

– Glasflaschen gehören in den Altglas-Container! Bitte trennen Sie farbiges von weißem Glas, und nehmen Sie Schraubverschlüsse und Korken ab.

– Werfen Sie kein Fenster-(Scheiben-)Glas und auch kein Porzellan in die Glascontainer.

– Altmetall sollten Sie in einem getrennten Behälter sammeln und – wenn genügend zusammengekommen ist – zum Schrott- oder Altmetallwarenhändler bringen.

– Sammeln Sie Aluminiumgegenstände (Getränkedosen, Joghurtdeckel, gebrauchte Alufolie, alte Alukochtöpfe, Fischkonservendosen, Schokoladenpapier usw.) getrennt vom Altmetall. Die Herstellung von Alumi-

nium ist besonders energieverschwendend und umweltfeindlich. Bei der Wiederverwertung wird nur ein Bruchteil der zur Herstellung benötigten Energie verbraucht und die Umwelt weit geringer belastet!
– Auch Altreifen gehören nicht auf den Müll! Bringen Sie Ihre abgefahrenen Reifen in die Werkstatt oder erfragen Sie bei Ihrer zuständigen Abfall-Behörde, wo Sie sie abgeben können. Das Reifenmaterial läßt sich zu Bodenbelägen oder beim Unterbau von Asphaltstraßen verarbeiten.

Sondermüll

– Viele Arzneimittel bestehen aus umweltschädigenden Substanzen, die das Grundwasser beeinträchtigen können. Jede Apotheke nimmt alte oder überflüssige Medikamente kostenlos an und beseitigt sie fachgerecht.
– Auch zerbrochene Thermometer, bei denen das Quecksilber noch nicht ausgelaufen ist, sollte man in die Apotheke bringen. Dort nehmen Fachleute das hochgiftige Quecksilber heraus und verwahren es ordnungsgemäß. Ausgelaufenes Quecksilber kann in geschlossenen Räumen über Jahre gefährliche Dämpfe abgeben und die Bewohner schädigen.
– Batterien für den Hausgebrauch enthalten das hochgiftige Schwermetall Cadmium und dürfen deshalb nicht in die Mülltonne geworfen werden, da dieses Gift sonst unweigerlich in die Umwelt gelangt. Batterien aller Art werden in Fachgeschäften zurückgenommen. Oder man

erkundigt sich bei der Gemeinde- bzw. Stadtverwaltung, wo man cadmiumhaltige Produkte abgeben kann.

– Altöl und gebrauchtes Bratöl sollte man sammeln und in der nächsten Tankstelle abgeben.

– Auch Lösungsmittel, Säuren u. ä. nie in den Mülleimer werfen, sondern für die Sondermüllsammlung aufheben. Fragen Sie gegebenenfalls bei der zuständigen Behörde nach, wo Sie solche Stoffe abgeben können.

– Das gleiche gilt für Pflanzenbehandlungs- und Schädlingsbekämpfungsmittel.

– Auch Reinigungschemikalien und WC-Reiniger sind oft hochgiftig und gehören zum Sondermüll.

Packen Sie das Müllproblem bei der Wurzel – Kaufen Sie verpackungsbewußt ein!

Recycling ist gut – weniger Wegwerfprodukte sind besser. Denn auch bei der Herstellung von Produkten wird Energie verbraucht und die Umwelt belastet. Als Verbraucher sollte man daher schon beim Kauf von Produkten auf deren Umweltgefährlichkeit bei der Produktion achten und deshalb ganz allgemein so wenig neue Produkte wie möglich kaufen, sondern – wo es geht – lieber die alten reparieren.

– Kaufen Sie möglichst nur noch Waren, die eine hohe Umweltfreundlichkeit (keine schädlichen Inhaltsstoffe, keine schädlichen Emissionen bei der Produktion)
  eine lange Lebensdauer
  eine leichte Reparierbarkeit

eine hohe Gebrauchstauglichkeit
keine unnötige Verpackung
aufweisen!

– Verzichten Sie auf Lebensmittel, die in Folien eingeschweißt wurden, obwohl sie die Natur schon ausreichend verpackt hat (Gurken, Bananen, Apfelsinen, Zitronen usw.).

– Oder lösen Sie die Produkte aus der Verpackung und lassen Sie die Folie im Laden zurück. Niemand kann Sie zwingen, die Verpackung mitzunehmen!

– Kaufen Sie möglichst keine plastikverpackten Lebensmittel, die auch frisch angeboten werden (Fleisch, Wurst, Käse usw.). Frischfleisch, das in Folie verpackt ist, sollte auf jeden Fall sofort nach dem Kauf ausgepackt werden.

– Kaufen Sie keine Lebensmittel in Plastikbehältern, die es auch in Gläsern gibt (Apfelsaft, Mineralwasser, Essig, Öl, Senf, Honig, Milch usw.).

– Kaufen Sie Bier und andere Getränke in Pfandflaschen statt in Wegwerfdosen. Boykottieren Sie die Getränkeregale im Supermarkt, die nur Einwegartikel aufweisen.

– Spornen Sie Ihre Kinder zur Aufbesserung ihres Taschengeldes zum Flaschensammeln an!

– Nutzen Sie, wo sie besteht, die Möglichkeit, lose Milch in Flaschen oder Milchkannen einzukaufen.

– Verzichten Sie auf voluminöse Luxus- und Geschenkpackungen aus Plastik (Süßwaren, Kosmetika usw.).

– Neben den Verpackungen belasten auch die Wegwerfprodukte Müllhalden und Umwelt. Vermeidbare Wegwerferzeugnisse sind beispielsweise: Plastik- oder

Aluminiumgeschirr und entsprechendes Besteck. Plastikbecher, Kugelschreiber und Taschenlampen ohne auswechselbare Minen bzw. Batterien, Einwegfeuerzeuge, Plastiktücher, Einmal-Naßrasierer, Spraydosen usw.

– Spraydosen sollte man ohnehin ganz vermeiden (z. B. statt Deospray Deoroller und statt der Fliegenspraydose lieber eine Fliegenklatsche kaufen) oder auf den „blauen Engel" achten, der anzeigt, daß die Spraydose ein umweltfreundliches Treibgas enthält.

– Kaufen Sie statt Wegwerfbatterien wiederaufladbare Nickel-Cadmium-Batterien.

– Wählen Sie statt Normalpapier Umweltschutz-Papier.

– Nehmen Sie zum Einkaufen eine Tasche oder einen Korb mit, statt sich Plastiktüten geben zu lassen.

– Bevorzugen Sie ganz allgemein Produkte mit dem Umweltzeichen „Blauer Engel" gegenüber konventionellen Produkten. Das Umweltzeichen garantiert

– die Umweltfreundlichkeit
– die Gebrauchstauglichkeit
– die Sicherheit

eines Produkts!

Extra-Tips-Extra-Tips-Extra-Tips-Extra-Tips-Extra-Tips

– Denken Sie schon beim Kauf von Produkten darüber nach, welche Mühe die Beseitigung verursachen könnte. Prüfen Sie, ob Sie die Produkte auch wirklich benötigen!

(Das schützt nicht nur die Umwelt, sondern hilft auch, Geld zu sparen.)

– Dämmen Sie die Papierflut in Ihrem Briefkasten ein. Sie können sich vor Werbe- und Prospektmaterialien schützen, indem Sie von Ihrem Recht Gebrauch machen, Adressenvermittlern die Verwendung Ihrer Anschrift zu verbieten. Schreiben Sie an den

Verband der Adressenverleger und Direktwerbeunternehmen
Postfach 1206
6370 Oberursel
oder an die
Deutsche Postreklame GmbH
Postfach 1 62 45
6000 Frankfurt am Main 16.

– Knöpfe, Bänder, Nägel, Stifte und vieles andere mehr kann man im Fachhandel noch in beliebiger Anzahl offen kaufen. In Supermärkten und Einkaufszentren sind sie dagegen aufwendig verpackt, und man ist gezwungen, eine bestimmte, meist zu große Menge mitzunehmen.

Energiesparen – Auch bei der Beleuchtung

Auch wenn die Beleuchtung vom Gesamtstrombedarf, der für den durchschnittlichen Haushalt aufgewendet wird, nur etwa acht bis zehn Prozent einnimmt, läßt sich hier manches an Energie einsparen!

– Denken Sie beim Kauf oder bei der Neu-Installation von Beleuchtungskörpern daran, daß eine 100-Watt-Glühbirne bei gleicher Energieaufnahme mehr Licht abstrahlt als vier 25-Watt-Birnen.

– Leuchtstoffröhren vertragen häufiges An- und Abschalten nicht – ihre Lebensdauer wird dadurch erheblich verkürzt. Jede Schaltung verringert die Brenndauer um fast drei Stunden und verbraucht außerdem verhältnismäßig viel Strom. Ein Abschalten lohnt sich erst dann, wenn die Röhre mindestens 15 bis 30 Minuten nicht benötigt wird. Leuchtstoffröhren sind eben mehr für den Dauergebrauch gedacht.

– Aber auch bei Glühbirnen führt ein zu häufiges Ein- und Ausschalten zu einer Verkürzung der Lebensdauer. Erst wenn man das Licht für die nächste Viertelstunde nicht braucht, sollte es abgeschaltet werden. Wer auf diese Weise die Lebensdauer seiner Lichtquellen verlängern hilft, spart indirekt mehr Energie als jemand, der bei jeder Gelegenheit Glühbirnen aus- und wieder einschaltet. Die Herstellung einer neuen Glühbirne erfordert letztlich einen höheren Energieeinsatz, als man durch ständiges Abschalten einsparen kann!

– Wenn Sie einen Dimmer verwenden, sollten Sie bedenken, daß viele Dimmer den Strom nur mit einem einfachen Widerstand reduzieren. Das heißt, daß, gleich wieviel Licht abgegeben wird, die Energieaufnahme konstant bleibt. Erkundigen Sie sich deshalb im Fachhandel genau danach, ob der angebotene Dimmer beim Herunterdrehen auch weniger Strom aufnimmt. Nur dann reduziert sich der Energieaufwand.

– Je heller eine Wand ist, desto mehr Licht wird reflektiert und um so kleiner kann die zu installierende Lichtleistung ausfallen. Eine weiße Wand reflektiert etwa 80 % des darauf fallenden Lichtes, eine dunkelblau gestrichene nur noch 15 % und eine schwarze nur 9 %!

– Die Innenseiten von Lampenschirmen sollen ebenfalls das Licht reflektieren. Sind sie stark verschmutzt, können bis zu 50 Prozent der Lichtausbeute verlorengehen.

– Auch die Glühbirnen und Leuchtstoffröhren selbst müssen gelegentlich gereinigt werden, denn Staub und anderer Schmutz nehmen dort ebenfalls Licht weg.

– Eine gleichmäßig helle Beleuchtung des gesamten Zimmers erfordert einen relativ hohen Energieaufwand. Sorgen Sie statt dessen für „lokale“ Beleuchtung: Arbeitslampe für den Schreibtisch, Leselampe, Lampe über dem Herd, über dem Eßtisch usw.

– Wenn Sie neue Glühlampen kaufen, entscheiden Sie sich für verbrauchsarme Glühbirnen. Auch wenn diese in der Anschaffung teurer sind, sind sie durch ihre längere Lebensdauer auf lange Sicht doch sparsamer!

Spraydosen zerstören die Ozonschicht!

Die Fluorkohlenwasserstoffe (FKW), die als Treibgase in vielen Spraydosen enthalten sind, sind leichtflüchtige, geruchlose, nicht brennbare und chemisch stabile Gase, die nach erfolgter Freisetzung – also z. B. durch Benutzung eines Sprays – in unsere Atmosphäre entweichen.

Eine Untersuchung der amerikanischen Forscher Rowland und Molina hatte folgende Ergebnisse:
Innerhalb mehrerer Jahre nach ihrer Freisetzung erreichen die Fluorkohlenwasserstoffe die oberen Schichten der Atmosphäre und werden dort vom UV-Licht aufgespalten. Entstehende Chloratome zerstören in einer Kettenreaktion langsam die Ozonschicht, welche die Erde und alle Lebewesen vor gefährlichen UV-Strahlen schützt.

Eine Zerstörung der Ozonschicht bedeutet:
– die Zunahme von Hautkrebs beim Menschen
– die Störung des ökologischen Gleichgewichts – was das Verhältnis zwischen Pflanze, Tier und Umwelt umfaßt.
– Nicht immer muß es eine Spraydose sein! Gerade bei Kosmetik- und Körperpflegemitteln gibt es eine Reihe bewährter Alternativen (die meistens auch billiger

sind!): Deo-Stifte und -Roller, -Puder, -Pasten und -Cremes, bei den Reinigungsmitteln vielfach feste, flüssige oder pulverisierte Substanzen, von denen man oft auch preiswerte Nachfüllpackungen erwerben kann.

– Der einfachste Spraydosen-Ersatz sind die mechanischen Pumpzerstäuber. Sie enthalten kein Treibgas und sind überdies viel sparsamer im Gebrauch. Die Pumpventile lassen sich in der Regel abschrauben, so daß der Behälter mit preisgünstigen Nachfüllpackungen aufgefüllt werden kann.

– Auf viele Sprays sollte man überhaupt verzichten:

– Insektensprays sind überflüssig und gefährlich, weil Insektizide nicht nur Schädlinge, sondern auch Nützlinge töten. Auch für den Menschen sind sie nicht ungefährlich.

– Backofensprays sind wegen ihrer gefährlichen Wirkstoffe ebenfalls nicht empfehlenswert.

– Auf Möbelpflegesprays kann man verzichten – die gleichen Präparate gibt es auch in Dosen oder Tuben.

– Schuh- und Ledersprays haben schon zu einer Reihe von Vergiftungen geführt.

– Inzwischen gibt es auch Spraydosen mit umweltfreundlichen Treibgasen. Beachten Sie aber unbedingt die aufgedruckten Hinweise zur Benutzung und Aufbewahrung, denn Treibgase wie Butan, Propan und Isobutan sind leicht brennbar!

März

Machen Sie Putz!

Die Frühlingszeit ist Hausputzzeit! Wer möchte nicht den Anbruch der hellen, langen Tage mit dem Duft von Frische und dem Glanz von Sauberkeit begrüßen? Nur – die Umwelt sollte nicht darunter leiden müssen!

Im Jahr werden bei uns pro Vier-Personen-Haushalt mehr als 140 Kilogramm Chemikalien verwendet! Dabei handelt es sich einerseits um Haushaltsmittel wie Seifen, Kosmetika, Waschmittel, Bodenreiniger, Abflußreiniger, Farben, Lacke und Autopflegemittel, andererseits um umweltschädliche Phosphate und organische Lösungsmittel, krebserregendes Formaldehyd, gesundheits- und wassergefährdende Abflußreiniger, Desinfektionsmittel, gefährliche Pflanzenbehandlungsmittel und anderes mehr.

Seit Jahren nimmt der Verbrauch von Putzmitteln und Haushaltschemikalien noch zu. Mit Sauberkeit und Hygiene hat das nicht mehr viel zu tun – früher gab es bestimmt nicht mehr Schmutz in den Wohnungen als heute –, wohl aber mit gezielter Werbung.

Wenn Sie sich beim Gebrauch von Haushaltsmitteln an die folgenden drei Regeln halten, können Sie die Umwelt und Ihren Geldbeutel gleichermaßen schützen:

– Verwenden Sie so wenig Haushaltschemikalien wie

möglich! Bevorzugen Sie lieber die mechanische Reinigung (z. B. beim Backofenreinigen!).
– Dosieren Sie so sparsam wie möglich!
– Verwenden Sie – soweit erhältlich – umweltfreundliche Produkte. Auf den folgenden Seiten werden Sie darüber hinaus viele alte Hausmittel (wieder)finden, mit denen sich ein Haushalt mit wenig Kosten, nicht allzuviel Mühe und vor allen Dingen umweltschonend auf Hochglanz bringen läßt!

Machen Sie sich einmal die Mühe, Ihr „Chemikalienarsenal“ gründlich zu durchforsten. Stellen Sie fest, welche Mittel vorhanden sind und welche davon Sie wirklich brauchen. Was überflüssig ist, sollte in den Müll oder – falls es Ihnen nicht ganz „geheuer“ ist – auf den Sondermüll.

Und noch ein Tip:
Allzweckreiniger sind keine „Wunderwaffe“, machen aber viele Spezialmittel überflüssig. Also versuchen Sie es ganz allgemein zuerst immer einmal mit dem Allzweckreiniger. Inzwischen gibt es in Alternativläden und Reformhäusern auch schon ökologisch unbedenkliche Allzweckreiniger zu kaufen. Oder greifen Sie zur guten alten Schmierseife!

Fensterputzen – mühelos und ohne Umweltgefährdung

Sprühmittel zum Fensterputzen gelangen zwar nicht ins Grundwasser und gehören damit auch nicht zu den direkt umweltgefährdenden Stoffen. Über die Herstellung und Verpackung allerdings tragen auch sie dazu bei, die Umweltbelastung zu erhöhen. Umweltfreundlicher und wesentlich preiswerter putzen Sie Ihre Fenster, wenn Sie den einen oder anderen der folgenden Fensterputz-Tips ausprobieren!

– Die Fenster einfach mit klarem Wasser abwaschen, dann mit einem trockenen Lappen oder mit Zeitungspapier blankputzen.

– Man kann auch einen Schuß Essig ins Wasser geben.

– Oder einen Schuß Brennspiritus (Brennspiritus erhalten Sie in der Drogerie).

– Oder eine Handvoll Salz – das macht die Scheiben besonders blank.

– Wer ein Fensterleder benutzt, kommt in jedem Fall mit Wasser allein aus.

– Sauber werden die Fensterleder wieder, wenn man sie in Wasser mit Salmiakzusatz wäscht. Gut durchspülen und zum Schluß etwas Essig in das letzte Spülwasser geben.

– Weich werden Fensterleder wieder, wenn man sie eine Stunde in Salzwasser oder Seifenlösung legt, dann gründlich spült und im Freien trocknet.

– Wenn's schnell gehen soll, putzen Sie mit einem in Essig eingeweichten Tuch. Das eignet sich vor allem dann, wenn man nur einige Innenscheiben putzt.

– Milchglasfenster brauchen Sie nur mit heißem Essigwasser abzuwaschen und dann sorgfältig trockenzureiben.
– So werden blinde Fensterscheiben wieder glasklar: Reiben Sie sie mit einem ölgetränkten Wollappen ab und polieren Sie dann mit Löschpapier oder Küchenpapier nach.
– Auch das hilft gegen blindgewordene Fenster: Reiben Sie die Scheiben mit feinem Bimssteinpulver ab.
– Sehr stark verschmutzte Fensterscheiben können Sie mit Zwiebeln reinigen. Eine Zwiebel halbieren, die Scheibe damit einreiben. Sobald die Zwiebel schmutzig ist, immer wieder eine dünne Scheibe abschneiden.
– Prima Putzlappen lassen sich übrigens aus alter Bett- oder Trikotunterwäsche zurechtschneiden.
– Putzen Sie nicht bei Sonnenschein – das gibt Streifen.
– Auch bei Frost sollten Fenster nicht geputzt werden. Ist dies unumgänglich, verwenden Sie zum Reinigen der Fenster eine starke Salzlösung (ein bis zwei Handvoll auf einen Eimer).
– Denken Sie bei großen Fensterscheiben an das Aufkleben von Raubvogel-Silhouetten! Vögel nehmen die Scheiben – besonders wenn sie blankgeputzt sind! – oft nicht wahr und können sich beim Anflug verletzen – mitunter tödlich.
– Verschmutzte Fensterbänke reinigen Sie mit Spiritus (in der Drogerie erhältlich): Schütten Sie etwas verdünnten Spiritus auf ein weiches Tuch und wischen Sie damit über die ganze Oberfläche. So verschwinden nicht nur die Flecken, sondern die Fensterbretter sehen wie neu gestrichen aus!

– Wachsen Sie die Fensterbänke von Zeit zu Zeit mit Bohnerwachs ein, dann verschmutzen sie nicht so leicht.

Waschbecken, Wanne und WC – auch ohne Chemie alles okay

Das größte Angebot an Reinigungs- und Desinfektionsmitteln gibt es im Bad- und WC-Bereich. Mit manchen dieser (frei verkäuflichen!) Stoffe kann man nicht nur Bakterien, sondern – wenn man sich nicht genau an die Benutzungsvorschriften hält – auch die ganze Familie ausrotten. Dabei sind Scheuerpulver und allenfalls ein WC-Reiniger (beides in Bio-Ausführung in Reformhäusern und Bioläden erhältlich) ausreichend, um hier für Sauberkeit und Hygiene zu sorgen. Was Sie aber auf jeden Fall immer bei der Hand haben sollten, sind Omas Hausmittel – vor allem Salz und Essig.

– Beugen Sie Abflußverstopfungen vor: Speisereste und größere Abfälle (Tampons, Binden, auch Zigarettenkippen usw.) gehören nicht in den Abfluß!

– Greifen Sie bei verstopften Abflüssen nicht zu chemischen Rohrreinigern. Diese gehören zu den gefährlichsten Haushaltschemikalien überhaupt. Versuchen Sie es lieber erst einmal mit der altbewährten Gummi-Saugglocke. Wenn der verstopfende Schmutz nur im Syphon steckt, kann man diesen leicht abschrauben und reinigen.

– Bürsten Sie das WC regelmäßig mit Essig aus – das reinigt und desinfiziert.

– Abflüsse kann man geruchsfrei machen, indem man

eine starke Salzlösung hineingießt. Einige Minuten wirken lassen, dann gut nachspülen.

– Ablagerungen in der WC-Schüssel entfernen Sie mit Borax (aus der Drogerie) und Zitronensaft: zunächst die Schüssel durch Spülen rundum naß machen. Dann eine Paste aus Borax und Zitronensaft auftragen, zwei Stunden einwirken lassen und dann sorgfältig bürsten.

– Auch das hilft gegen Ablagerungen: Gießen Sie kochendheiße Waschlauge ins WC. Einwirken lassen, dann kräftig schrubben.

– Auf Geruchsverbesserer oder „Beckensteine" sollten Sie verzichten. Sie enthalten Desinfektionsmittel, die für Mensch und Umwelt schädlich sind.

– Gegen WC-Gerüche hilft – außer Lüften– auch der folgende kleine Trick: Tauchen Sie eine Glühbirne in regelmäßigen Abständen in Eau de Cologne. Wenn sie eingeschaltet wird, entwickeln sich aufgrund der ansteigenden Temperaturen angenehme Düfte.

– Auch ein Schälchen, in dem einige Tropfen ätherisches Öl (Rosen-, Lavendel-, Zitronen-, Rosmarinöl usw. – in der Apotheke erhältlich) mit kochendem Wasser aufgegossen werden, bringt gute Luft.

– Schmutzränder in Badewannen und Waschbecken beseitigt man mit einem feuchten Schwamm oder Lappen, der in Küchensalz getaucht ist. Das Salz sollte möglichst fein sein, damit keine Kratzspuren entstehen.

– Bei sehr alten und hartnäckigen Flecken ein Stück Kernseife raspeln (oder Seifenflocken verwenden), in einem Eimer heißem Wasser auflösen und eine Tasse Waschbenzin dazugeben. Mit dieser Lösung kräftig die Flecken bürsten, einziehen lassen und gut abspülen.

– Werfen Sie Apfelsinen- und Zitronenschalen nicht weg! Mit der Innenseite lassen sich Badewannen und Waschbecken reinigen.

– Bei Kalkablagerungen tränken Sie Wattestäbchen in reinem Zitronensaft und entfernen damit die Ablagerungen an Waschbecken, Badewannen und Armaturen.

– Braune Kalkflecken auf der Badewanne kann man auch mit Buttermilch entfernen! Begießen Sie die Kalkflecken mit Buttermilch oder hängen Sie einen mit Buttermilch getränkten Lappen auf die Kalkflecken an der Badewannenwand auf. Die Buttermilch muß mindestens eine Stunde einwirken. Danach läßt sich der Belag mit einem Holzspachtel oder einem Stückchen Holz lösen.

– Verkalkte Siebe von Wasserhähnen und Brauseköpfen kann man reinigen, indem man sie einige Stunden lang in Essig legt.

– Kalkränder an Armaturen kann man über Nacht zum Verschwinden bringen: einen Lappen mit einer Lösung aus 1 Teil Essigessenz und 2 Teilen Wasser tränken und um den Wasserhahn legen. Über Nacht liegen lassen.

– Tauchen Sie ein Tuch in Petroleum und putzen Sie damit die Armaturen. Kalkflecken usw. verschwinden schnell, und der unangenehme Geruch ist bald verflogen.

– Oder putzen Sie die Armaturen mit Zitronensaft ab. Danach mit einem Tuch blankreiben.

– Bevor Sie Kacheln oder Fliesen reinigen wollen, lassen Sie die Dusche so heiß wie möglich laufen – der durch den Dampf gelöste Schmutz läßt sich leichter lösen!

– Mattgewordene Kacheln werden schön glänzend, wenn Sie diese mit Zeitungspapier oder einem Fensterleder, das in Salmiaklösung getaucht wurde, abreiben.

– Kalkablagerungen auf Kacheln verschwinden, wenn man sie mit unverdünnter Essigessenz abreibt.
– Duschvorhänge lassen sich auch in der Waschmaschine waschen! Geben Sie die Vorhänge mit einigen alten Handtüchern in die Waschmaschine und waschen Sie sie bei 30° C, ohne zu schleudern. Dann tropfnaß aufhängen.
– So verhindern Sie Schimmel und Stockflecken an Duschvorhängen: Legen Sie die Vorhänge vor dem Aufhängen für einige Zeit in Salzwasser.
– Kleinere Stockflecken kann man mit Natron (aus der Drogerie) beseitigen. – Helle Vorhänge mit hartnäckigen Stockflecken in der Waschmaschine waschen, danach mit Zitronensaft oder Essig abreiben.
– Glastüren von Duschen glänzen schnell wieder, wenn man sie mit einem in Essig getränkten Schwamm abreibt.
– Einmal in der Woche sollten Sie die Zahnputzgläser mit einer warmen Kochsalzlösung auswaschen – es bildet sich dann kein weißer Belag.

Nicht nur mit Füßen treten: Fußböden und Teppiche

Parkettböden und manche modernen Fußbodenbeläge erfordern Sonderbehandlungen mit entsprechenden Spezialmitteln. Für die meisten Böden aber sind die einfachsten Mittel oft die wirksamsten!
– Zur Reinigung von Kunststoff- und Fliesenböden empfiehlt sich immer noch die gute alte Seifenlauge.

Einfach eine kleine Handvoll Seifenflocken in einem Eimer warmem Wasser auflösen.

– Glanz bringt Essigwasser auf die Böden! Außerdem wirkt Essig desinfizierend.

– Für Linoleum verwenden Sie am besten nur mildes Seifenwasser oder Terpentinersatz (aus der Drogerie). Mit klarem Wasser nachwischen.

– Unansehnliches Linoleum wird wieder glänzend, wenn man es alle paar Wochen mit einer Mischung (1:1) aus Milch und Wasser aufwischt.

– Versiegelte Fußböden kann man gut mit kaltem Tee aufwischen.

– Parkett reinigt man mit Seifenlauge. Dann trocknen lassen und mit Bohnerwachs einreiben.

– Teppiche leuchten wieder auf, wenn man lauwarmes Essigwasser mit einem groben Schwamm ins Gewebe einreibt.

– Oder bürsten Sie den Teppich mit Salz ab.

– Oder: Streuen Sie reichlich Salz auf den Teppich, nach einer Stunde absaugen.

– Feuchte Schmutzflecken kann man beseitigen, wenn man die verschmutzten Stellen mit Salz bestreut, dieses antrocknen läßt und dann absaugt.

– Auch eine Schneekur tut Teppichen gut! Der Schnee darf nur nicht zu feucht sein. Die Teppiche werden dazu mit der Oberfläche auf den Schnee gelegt und gut ausgeklopft.

– Frische Flecken auf Teppichen lassen sich gut mit reinem Mineralwasser entfernen! Einfach etwas Mineralwasser auf die Flecken schütten, einige Sekunden einwirken lassen und dann mit einem Schwamm aufnehmen.

– Ältere Flecken kann man so beseitigen: Mischen Sie zwei Eßlöffel Waschpulver und drei Eßlöffel Essig mit einem Liter warmem Wasser. Die Flecken damit einreiben, einwirken lassen, dann so gut wie möglich abtupfen.
– Hartnäckige Flecken kann man meistens mit Seifenlauge beseitigen. Diese längs und quer mit einer Bürste auf die Flecken reiben. Dann gut abtrocknen. Notfalls muß die Prozedur mehrmals wiederholt werden.

Gepflegte Möbel – auch ohne Sprays

Gerade die Möbelpflege ist zu einem der Haupt-„Einsatz"-Gebiete von Spraydosen geworden – Holz-, Leder-, Polsterreinigung können aber durchaus auch mit anderen Mitteln, die die Umwelt nicht belasten und zudem weitaus billiger sind, effektiv und arbeitssparend durchgeführt werden.
– So entfernen Sie die alte Politur: Mischen Sie Essig und Wasser (1:1), und reiben Sie mit einem weichen, nicht zu stark damit befeuchteten Tuch die Politur ab. Gleich danach mit einem anderen Tuch trockenreiben.
– So bekommt poliertes Holz neuen Glanz: Reiben Sie die Holzteile mit einem Gemisch (1:1) aus Leinöl und Brennspiritus ab. Danach mit einem weichen Tuch nachpolieren.
– Blindgewordene Stellen auf Möbeln können durch Einreiben mit einer Mischung aus Leinöl und unverdünntem Zitronensaft (1:1) gereinigt werden. Gut nachwischen.

– Polierte Möbel bleiben blank, wenn man Salatöl mit feinem Salz gut vermischt und die Möbel damit einreibt.
– Schrammen auf Möbeln verschwinden, wenn man sie mit einer Mischung (1 : 1) aus Essig und Öl abreibt.
– Wasserflecken auf Möbeln lassen sich mit einer Mischung aus Zigarrenasche und Speiseöl entfernen.
– Auch Zahnpasta hilft! Geben Sie etwas Zahnpasta auf ein angefeuchtetes Tuch und reiben Sie die Flecken damit ein.
– Gebeizte Möbel sollte man nur feucht abwischen, dann mit einem Lappen trockenreiben.
– So frischt man Eichenholz-Möbel wieder auf: Lassen Sie in einem Viertelliter Wasser ein etwa hühnereigroßes Stück farbloses Wachs und 1–2 Eßlöffel Zucker zerkochen. Diese Mischung streichen Sie mit dem Pinsel auf das Holz, lassen die Masse trocknen und polieren dann gut nach.
– Nußbaummöbel werden nach dem Abstauben mit Milch eingerieben. Gut nachpolieren.
– Kratzer in Nußbaumholz lassen sich mit einer frischen Walnuß entfernen. Die Nuß schälen, halbieren und den Kratzer mit der Schnittfläche der Nuß einreiben.
– Möbel aus Schleiflack sollte man nur mit kühlem Seifenwasser in einer Richtung abwaschen. Anschließend mit einem Lederlappen trockenreiben.
– Korbmöbel werden mit warmem Seifenwasser abgebürstet.
– Polstermöbel werden mit Essigwasser abgebürstet. Sie verschmutzen dann auch nicht so schnell.
– Polstermöbelreiniger – selbstgemacht: Gießen Sie eine halbe Tasse mildes Waschpulver mit zwei Tassen

kochendem Wasser auf. Abkühlen lassen, bis es geliert, dann mit dem Schneebesen zu einem steifen Reinigungsschaum schlagen.
– Kunststoffpolster niemals einfetten, sonst werden sie hart! Richtig gepflegt werden sie mit einem feuchten Tuch, auf das man Essig gegeben hat. Danach mit einem milden Geschirrspülmittel abwaschen.
– Ledermöbel werden regelmäßig mit Rizinusöl gepflegt: Reiben Sie die Stücke sehr dünn mit Öl ein und polieren Sie mit einem weichen Wollappen nach.
– Oder verwenden Sie Sattelfett, das Sie auf ein feuchtes Tuch geben (in Reiterfachgeschäften erhältlich).

Frühlingsfrische in der Küche

Eine Küche soll frisch, sauber und – da hier die Nahrungsmittel zubereitet werden – auch hygienisch sein. All das kann man erreichen – auch ohne Chemikalien, die nicht nur die Bakterien töten, sondern – über Geschirr und Besteck – auch in unsere Speisen geraten können. Gerade in der Küche sollte deshalb so weit wie möglich auf natürliche Mittel zurückgegriffen werden.
– Kunststoffoberflächen einfach mit Seifenwasser abwaschen, dann trocken nachreiben.
– Oder mit Zahnpasta auf Hochglanz polieren.
– Stahlspülen kann man mit reinem Essig reinigen und auf Hochglanz bringen.
– Chromarganplatten lassen sich ebenfalls gut mit Essig reinigen.

– Emaillekochgeschirre sollte man nicht mit scharfen Mitteln behandeln! Meistens genügt Seifenwasser.
– Wenn sie innen schwarz geworden sind, versuchen Sie einmal das folgende Hausrezept: Kochen Sie Rhabarberblätter in den Emailletöpfen aus – durch die darin befindliche Oxalsäure werden die Töpfe wieder blank.
– Wachstuchdecken reinigt man am besten mit kalter Milch – sie bleiben dann lange ansehnlich.

So pflegt man Glas, Porzellan und Kristall

– So werden Gläser wieder glänzend: Spülen Sie sie in einer abgekühlten Boraxlösung. Borax erhalten Sie in der Drogerie.
– Gläserne Blumenvasen lassen sich oft nur schwer reinigen. Schütten Sie Kaffeesatz in die Vase, lassen Sie ihn einwirken, und spülen Sie mit kaltem Wasser nach.
– Auch klein geschnittene, rohe Kartoffeln und einige Löffel Essig bringen Ihre Vasen wieder in Ordnung. Danach gut durchspülen!
– Trübe Gläser werden mit warmem Salzwasser gereinigt und dann mit einem fusselfreien Tuch nachpoliert.
– Wassersteinränder kann man mit einem in Essig und Salz getauchten Läppchen abreiben.
– Kristall nie heiß abwaschen, sondern immer nur warm. Rillen und Einschnitte mit einem weichen Bürstchen reinigen.
– Nachreiben mit Salz macht Kristallgegenstände glänzend.

– In Kistallkaraffen geben Sie grobes Kochsalz, darüber etwas Essig und lassen das Ganze eine halbe Stunde lang einwirken. Danach gut ausspülen – Kalkablagerungen sind dann meistens verschwunden.
– Vasen oder andere Gegenstände aus Kristall kann man mit Apfelsinenschalen reinigen! Das Gefäß nur bis zur Hälfte mit Wasser füllen, kleingeschnittene Apfelsinenschalen hineingeben und gut schütteln.
– So wird Porzellan wieder glänzend: Tauchen Sie einen weichen Lappen in kristallisierte Zitronensäure (aus der Drogerie), und polieren Sie damit die matten Flächen.
– Auch die Reinigung in einer abgekühlten Boraxlösung macht Porzellan wieder glänzend.
– Festsitzende braune Flecken auf Kaffeekannen reibt man zunächst mit Essig und Salz gut ab und spült dann die Kanne mit kochendheißem Wasser aus.
– Teekannen aus Porzellan bekommen mit der Zeit außen mitunter häßliche Flecken. Wenn die Flecken noch nicht zu alt sind, kann man sie mit Essig und Salz ausreiben.
– Porzellan läßt sich gut mit Salz putzen.

Die Pflege von Metallgegenständen

Bronze:
Meistens genügt es, Bronzegegenstände mit Seifenwasser oder Kaffeesatz (oder einer Mischung aus beidem) abzuwaschen.

Chrom:
Verchromte Gegenstände von Zeit zu Zeit mit Vaseline einreiben (in der Apotheke erhältlich), mit warmem Wasser nachwaschen und trockenpolieren. Auch mit einem mit Salmiakgeist befeuchteten Tuch kann man Chrom streifenlos und hochglänzend polieren.

Edelstahl:
Verwenden Sie Schlämmkreide (aus der Drogerie oder dem Malerfachgeschäft) – das gibt keine Kratzer.

Dunkle Flecken und Ränder können Sie mit heißem Essig und Zitrone behandeln.

Eisen:
Ein gutes Reinigungsmittel ist Holzasche, mit einigen Tropfen Salatöl vermischt.

Kupfer:
Waschen Sie die Kupfergegenstände zuerst mit sehr heißem, starkem Seifenwasser. Dann lassen Sie sie in Essig (oder Rotwein) ziehen.

Kupfer läßt sich auch sehr gut reinigen mit dem Saft von frischen Sauerampferblättern.

Oder man schneidet Zwiebeln in Scheiben und reibt das Kupfer damit ab.

Kleinere Kupfergegenstände kann man in die folgende Mischung eintauchen: 9 Teile Wasser und 1 Teil Essigessenz, der man pro Liter einen Eßlöffel Kochsalz beifügt. Mit einer weichen Bürste abreiben.

Auch das Putzen mit Buttermilch und etwas Kochsalz bringt einen schönen Glanz.

Das Innere von Kupferkesseln läßt sich mit Sauerkrautsaft reinigen.

Messing:
Messing kann man wie Kupfer pflegen.

Oder man rührt einen Brei aus Salz und Essig an und verteilt ihn auf dem Gegenstand. Nach einigen Minuten abspülen und mit einem Ledertuch trockenreiben. Man kann auch eine halbe Zitrone in Salz tauchen und den Gegenstand damit kräftig abreiben. Danach gründlich abspülen und mit einem weichen Tuch trockenreiben.

Nickel:
Vernickelte Gegenstände mit heißem Wasser abwaschen und mit einem weichen Tuch trockenreiben. Nicht zu sehr reiben und keine groben Putzmittel verwenden. Flecken durch Abreiben mit Schlämmkreide beseitigen.

Silber:
Ein altes Hausmittel ist heißes Kartoffelwasser (von geschälten Kartoffeln), in welches man das Silber für einige Zeit legt. In klarem Wasser nachspülen und gut trockenpolieren.

Schwarz angelaufenes Silber reiben Sie mit Schlämmkreide wieder blank.

Wenn Sie verhindern wollen, daß Silber anläuft, bewahren Sie es in Aluminiumfolie oder in schwarzem Seidenpapier auf.

Zinn:
Mit milder heißer Seifenlauge (von einem Feinwaschmittel) waschen, abtrocknen, mit Schlämmkreide oder Zinnkraut (Schachtelhalm) nachpolieren.

Extra-Tips-Extra-Tips-Extra-Tips-Extra-Tips-Extra-Tips

– Abfalleimer regelmäßig mit Seifenwasser reinigen und gut nachspülen und trocknen.
– Reinigen Sie Ihren Backofen – am besten nach jedem Gebrauch –, wenn er noch etwas warm ist. Sie brauchen ihn dann nur mit warmem Seifenwasser auszuwischen und können so auch verkrustete Stellen schnell auflösen.
– Vergoldete Bilderrahmen werden mit rohen Kartoffelscheiben sauber. Schneiden Sie die Schnittfläche immer wieder ab.
– Hausmittel zur Reinigung von Blumenvasen: Kalkansätze kann man mit Essig und Kochsalz entfernen. In enghalsige Vasen füllt man zerkleinerte Eierschalen und Wasser, schüttelt gut durch und läßt die Mischung ein paar Stunden lang einwirken. Dann ausleeren und nachspülen.
– Bürsten legen Sie zuerst in Seifenlauge, dann in Essigwasser. Gut trocknen lassen (aber nicht in der prallen Sonne oder auf der Heizung).
– Klaviertasten mit Zahnpasta abreiben – das macht sie wieder blank!
– Marmor wird mit einer Boraxlösung (Borax ist in der

Drogerie erhältlich) oder mit einem in etwas Salz und Essig getauchten Lappen gereinigt.

– So reinigen Sie Ihr Bügeleisen: den Boden des Bügeleisens mit einem Gemisch aus Salz und Essig bestreichen und mit einem sauberen Tuch abreiben.

– Tauchsieder werden wieder schön blank, wenn man sie kurz in Essigwasser aufkocht. Zum Entkalken über Nacht in Essigwasser stellen oder in einer kräftigen Salz-Essig-Lösung aufkochen.

– Gelbgewordenes Elfenbein reibt man mit verdünntem Zitronensaft ab, dann wird es wieder weiß.

– Küchengeräte aus Blech lassen sich einfach reinigen: man erwärmt sie und reibt sie mit Salz ab.

– Natur- und Kunststoffschwämme kann man mit einer Lösung von 125 Gramm Kochsalz auf einen Liter Wasser reinigen. 24 Stunden lang in dieser Lösung liegen lassen – die Schwämme werden wie neu.

– Strohmatten sollten regelmäßig mit einer Kochsalzlösung ausgebürstet werden. Gut nachspülen und an der Luft trocknen lassen.

April

Große Wäsche – aber richtig

Bei der großen (aber auch bei der kleinen!) Wäsche ergeben sich viele Möglichkeiten zum Energiesparen. Gerade die Waschmaschine ist ja eines der am meisten benutzten elektrischen Haushaltsgeräte, und mit etwas Überlegung und ein paar kleinen Tricks kann man sie einsetzen, ohne Umwelt (und Geldbeutel) unnötig zu belasten.

Bei elektrischen Wäschetrocknern dagegen stellt sich die Frage, ob man auf sie nicht lieber gänzlich verzichten sollte. Trotzdem finden sich auch für Wäschetrockner Spartips auf den folgenden Seiten – für alle diejenigen, die glauben, ohne ein solches Gerät nicht auskommen zu können.

Ein weiterer Hauptteil dieses Kapitels ist der Entlastung unserer Umwelt durch sparsame Anwendung und richtige Auswahl der Waschmittel gewidmet. Besondere Beachtung findet auch die Fleckentfernung – es geht nämlich meistens auch ohne hochgiftige Chemikalien, wenn man auf Großmutters altbewährte Hausmittel zurückzugreifen lernt.

Energiespartips für Waschmaschinen

– Achten Sie schon beim Kauf einer Waschmaschine auf niedrige Wasser- und Energieverbrauchswerte.
– Stellen Sie die Waschmaschine nur dann an, wenn sie wirklich optimal gefüllt ist.
– Oder wählen Sie – falls unbedingt nötig – das Sparprogramm. Je nach Fabrikat ist dabei der Energieaufwand zwischen 25 und 35 % verringert. Auch der Wasserverbrauch ist entsprechend niedriger.
– Meistens genügt der Hauptwaschgang. Setzen Sie das Vorwaschprogramm nur dann ein, wenn es sich wirklich um stark verschmutzte Wäsche handelt. Wenn Sie auf die Vorwäsche verzichten und sich mit einem Spülgang begnügen – was bei leicht schmutziger Wäsche ganz problemlos zu machen ist –, lassen sich bis zu 35 % Strom, 15 % Wasser, zwischen 10 und 20 % Waschmittel und sogar einiges an Zeit einsparen!
– In der Regel reicht das 60°-Programm aus. Höhere Temperaturen verschwenden nicht nur Energie, sondern verkürzen auch die Lebensdauer des dabei besonders strapazierten Waschgutes.
– Wenn es sich einrichten läßt – im eigenen Haus oder wenn die Nachbarn dadurch nicht behelligt werden –, sollten Sie spätabends oder nachts waschen.
– Waschen Sie möglichst nicht montags! Die meisten deutschen Hausfrauen waschen an diesem Tag, was zu einer extremen Strom- und Wasserverbrauchsspitze führt. Um für diese Spitzenbelastung gewappnet zu sein, müssen die Energielieferanten Strom erzeugen, der sonst überflüssig ist.

– Lassen Sie die Heizstäbe Ihrer Waschmaschine regelmäßig auf Kalkablagerungen untersuchen und – wenn nötig – entkalken.

Energiespartips für Wäschetrockner

– Gut geschleudert ist halb getrocknet! Wenn Ihre Waschmaschine mit 800 Umdrehungen pro Minute schleudert (durchschnittliche Waschmaschine), verbleibt in der Wäsche noch eine Restfeuchtigkeit von 75 %, bei 2800 Umdrehungen pro Minute sind es nur noch 40 %. Achten Sie deshalb beim Kauf einer neuen Waschmaschine auf die Drehzahl.
– Im Sommer ist für Besitzer von Balkons, Terrassen oder Gärten der Trockner überflüssig. Dann sollte die Wäsche auf jeden Fall im Freien getrocknet werden.
– Vermeiden Sie das „Übertrocknen" der Wäsche. Es lohnt sich, das richtige Programm und die Trocknungszeit auszuprobieren – dadurch können Sie viel Energie einsparen. Außerdem vermeiden Sie, daß Ihre Wäsche einläuft – das ist nämlich noch eine unangenehme Begleiterscheinung des automatischen Wäschetrockners.
– Wäschetrockner sind wahre „Stromfresser" – ein Kilo schranktrockene Wäsche braucht auf diese Weise mehr Energie als das gesamte Kochwäscheprogramm einer Waschmaschine. Der Verzicht auf einen elektrischen Wäschetrockner spart rund 350 Kilowattstunden pro Jahr ein – das ist die durchschnittliche Energiemenge, die ein Vierpersonenhaushalt für die Beleuchtung in einem

ganzen Jahr verbraucht! Die Benutzung einer Wäscheleine im Freien oder in einem Trockenraum ist immer noch die billigste, energiesparendste und umweltfreundlichste Art, Wäsche zu trocknen. Die meiste Wäsche läßt sich im Winter auf handlichen Trockenständern in den Wohnräumen trocknen. Das ist außerdem sinnvoll, weil durch Zentralheizungen die Raumluft meistens überall zu trocken ist.

– Läßt sich ein Trockner nicht vermeiden, ist es auf jeden Fall sparsamer und für die Wäsche viel besser, das Gerät auf niedrigerer Temperaturstufe und lieber etwas länger laufen zu lassen als kurz und heiß.

Umgang mit Waschmitteln

– Füllen Sie die Meßbecher nicht randvoll an! Die Markierung liegt ziemlich weit unter der Oberkante des Bechers. Im allgemeinen kann man die Verbrauchsmenge ohne Einschränkung der Wirksamkeit sogar halbieren! Waschmittel werden meistens überdosiert – die Wäsche wird dadurch aber keineswegs sauberer!

– Weiches Wasser braucht weniger Waschmittel. Auf jeder Waschmittelpackung finden sich Dosierungsvorschriften für die verschiedenen Härtegrade. Informieren Sie sich bei Ihrem Wasserwerk über den Härtegrad des bei Ihnen verwendeten Wassers, und dosieren Sie dann entsprechend das Waschmittel. Bei Dosierung auf den jeweiligen Härtegrad können Sie natürlich auf einen zusätzlichen Enthärter getrost verzichten.

– Verzichten Sie auf die Vorwäsche. Sie ist bei normaler Verschmutzung der Wäsche völlig überflüssig. Wenn Sie sofort den Hauptwaschgang einschalten, reichen 70 % der angegebenen Waschmittelmenge!

– Feinwaschmittel sollten so oft wie möglich eingesetzt werden. Sie enthalten keine optischen Aufheller und keine Bleichmittel und sind deshalb umweltfreundlicher. Außerdem schonen sie die Wäsche.

– Sortieren Sie Ihre Wäsche nach dem Verschmutzungsgrad, und verwenden Sie entsprechende Waschmittel.

– Verwenden Sie Vollwaschmittel nur für die Kochwäsche, denn die in ihnen enthaltenen Bleichmittel und optischen Aufheller sind bei der Buntwäsche völlig überflüssig.

– Hauptwaschmittel bis 60 Grad sind bei Waschgängen mit niedrigen Temperaturen genauso wirksam wie Vollwaschmittel, dafür aber im Verbrauch billiger, weil sparsamer dosiert werden kann. Wenn man also schon ein herkömmliches (phosphathaltiges) Waschmittel für die Wäsche von 30 bis 60 Grad benutzt, dann besser ein Buntwaschmittel als ein Vollwaschmittel!

– Umweltfreundliche Waschmittel kann man heute überall in den alternativen Läden und Reformhäusern kaufen. Soweit es geht, sollte man seinen Waschmittelverbrauch auf diese Produkte umstellen.

– Alle – auch die biologischen und umweltfreundlichen Alternativwaschmittel – belasten die Umwelt, letztere natürlich in geringerem Ausmaß. Nur die bewußt sparsame, auf den individuellen Bedarf abgestimmte Handhabung aller Wasch- und Reinigungsmittel ist tatsächlicher Umweltschutz!

Fleckenmittel-ABC

Von chlorierten Lösungsmitteln, wie sie in den meisten Fleckenwässern enthalten sind, geht eine beträchtliche Umweltbelastung aus. Deshalb sollte man auf ihren Gebrauch weitestgehend verzichten und es zunächst einmal mit bewährten und vor allen Dingen ungefährlichen Hausmitteln versuchen.

Als Grundregel ist zu beachten: Flecken immer sofort behandeln. Saugfähige Unterlagen verwenden. Vorsicht bei Gebrauch von Benzin, Benzol, Spiritus und Alkohol – diese Mittel sind leicht brennbar!

Wenn Sie dennoch Fleckenmittel mit Lösemitteln (wie z. B. Perchlorethylen) verwenden, sollten Sie diese grundsätzlich nur im Freien oder bei geöffnetem Fenster benutzen. Sie können beim Einatmen schwere Gesundheitsschäden hervorrufen!

Alkoholflecke:
Die frischen Flecke sofort mit Löschblatt oder Watte aufsaugen, dann mit klarem, handwarmem Wasser entfernen.

Apfelsinenflecke:
Sofort unter fließendem kaltem Wasser auswaschen.

Bierflecke:
Frische Bierflecke mit warmem Wasser und Feinwaschmittel auswaschen. Bleibt noch ein kleiner Fleck zurück, mit einer starken, handwarmen Salzlösung nachbehandeln.

Blaubeerflecke:
Den Stoff längere Zeit in Milch legen, dann lauwarm auswaschen.

Oder mit Zitronensaft beträufeln und ausreiben. Oder in kochender Milch einweichen.

Blutflecke:
Frische Flecke kalt auswaschen.

Alte Flecke mit Seifenwasser gründlich abreiben.

Oder legen Sie den Stoff in kaltes, sauberes Wasser, spülen Sie gut durch, und waschen Sie mit kaltem Seifenwasser nach.

Oder in schwachem lauwarmem Salzwasser waschen, kalt nachspülen.

Brandflecke:
Leichte Brandflecke sofort mit etwas Borax oder Zitronensaft einreiben. Einwirken lassen und den Stoff nochmals in die Wäsche geben.

Oder die Flecke mit kaltem Wasser anfeuchten, mit Salz bestreuen und in die Sonne legen. Nach einigen Stunden sind die Flecke meistens verschwunden.

Oder die versengten Stellen sofort mit Essigwasser einreiben.

Erdbeerflecke:
Mit in etwas Wasser gelöstem Borax einreiben. Einwirken lassen und auswaschen.

Eigelbflecke:
Sofort in lauwarmer Seifenlösung auswaschen.

Vorher eintrocknen lassen und verkrustetes Eigelb möglichst entfernen.

Farbflecke:
Etwas Reinigungsbenzin auf einen weißen Baumwoll-Lappen geben und darauflegen. Nicht reiben! Nach dem Trocknen ausbürsten.

Fettflecke:
Etwas Salz in Spiritus auflösen und den Fleck damit ausreiben.

Bei Wollsachen hilft sehr gut das Ausreiben mit sprudelndem Mineralwasser.

Fruchtsaftflecke:
Bei kochfesten Geweben kochendes Salzwasser über die Flecke gießen und wie üblich waschen.

Frische Flecke lassen sich mit lauwarmem Wasser entfernen.

Oder die Flecke mit Salz bestreuen, dann auswaschen.

Alte Flecke: ebenfalls mit Salz bestreuen, mit Kernseife waschen und in die Sonne zum Bleichen legen.

Grasflecke:
Zuerst mit etwas Butter einreiben, dann mit Seife und kochendem Wasser herauswaschen.

Alte Flecke mit Zitronensaft vorbehandeln, lauwarm spülen.

Grünspanflecke:
Mit Essig befeuchten, gut nachspülen. Nötigenfalls diese Behandlung wiederholen.

Harnflecke:
Mit Seifenwasser auswaschen.

Harzflecke:
Mit Benzin abtupfen. Anschließend waschen.

Mit Gallseife auswaschen (in der Drogerie erhältlich).

Den Fleck mit Butter ausreiben und mit Wasser und Seife nachwaschen.

Honigflecke:
Mit lauwarmem Wasser auswaschen.

Jodflecke:
Den Fleck anfeuchten und mit einer rohen Kartoffel abreiben – dabei wird der Fleck dunkel! Mit klarem Wasser nachspülen. Solange wiederholen, bis der Fleck weg ist. Dann mit Wasser und Kernseife nachwaschen.

Kaffeeflecke:
Kochendheißes Wasser über den Fleck laufen lassen, bis er verschwunden ist.

Bei synthetischen Stoffen in einer Mischung aus Alkohol und Wasser (ein Eßlöffel Alkohol auf einen Liter Wasser) ausreiben, mit kaltem Wasser nachspülen.

Oder mit angefeuchteter Kernseife einreiben, anschließend in heißes Wasser legen und den Fleck herauswaschen.

Kakaoflecke:
Wie Kaffeeflecke behandeln.

Kalkflecke:
Den Stoff mit Essigwasser betupfen, anschließend mit Waschpulver waschen.

Meistens lassen sich Kalkflecke schon beim Waschen in heißem Wasser entfernen.

Kugelschreiberflecke, Filzschreiberflecke:
Mit einem Tuch ausreiben, das in Zitronensaft getaucht wurde.

Lippenstiftflecke:
Mit reinem Alkohol betupfen und ausreiben.

Milchflecke:
In lauwarmer Waschmittellauge auswaschen.

Oder in kaltem Wasser einweichen, mit lauwarmem Seifenwasser auswaschen.

Obstflecke:
Möglichst sofort entfernen!

Weißwäsche mit Zitronensaft beträufeln und in heißem Wasser gut spülen.

Bei empfindlichen Stoffen kalt mit Feinwaschmittel und etwas Essig auswaschen.

Ölfarbenflecke:
Frische Flecke kann man meist durch Betupfen mit Benzin entfernen.

Rostflecke:
Zitronensaft und Salz auftragen, dann in die Sonne legen. Nach einigen Stunden auswaschen.

Oder mit Zitronensaft beträufeln und den Fleck dämpfen (über einen Topf mit kochendem Wasser halten), dann das Kleidungsstück wie gewohnt waschen.

Oder den Fleck mit dem Saft einer reifen Tomate auswaschen und in der Sonne trocknen lassen. Dann in Seifenwasser waschen.

Oder mit heißem Zitronensaft ausreiben.

Rotweinflecke:
Noch frisch mit Salz bestreuen, auswaschen und in Buttermilch legen.

Den Fleck mit Zitronensaft beträufeln, das Wäschestück zum Trocknen in die Sonne hängen.

Senfflecke:
Eine roh geschälte Zwiebel auf den Fleck legen – nach etwa einer Viertelstunde ist der Fleck nicht mehr zu sehen.

Befeuchten Sie die Stelle, reiben Sie sie mehrmals mit Salz ein, und wiederholen Sie die Prozedur, bis die braune Verfärbung nur noch wenig sichtbar ist. Lassen Sie den restlichen Fleck von der Sonne bleichen – der Stoff muß dabei liegen, nicht hängen!

Sengflecke:
Gut mit Zwiebelsaft einreiben, danach sorgfältig mit kaltem Wasser nachwaschen.

Oder in Boraxwasser einweichen, gut nachspülen.

Schimmel- und Stockflecke:
Anfeuchten, mit Zitronensaft beträufeln, mit Salz bestreuen und an der Sonne trocknen.

Bei Kochwäsche die Flecke anfeuchten und mit einem Gemisch aus Seife und Kreidepulver bestreichen. Einige Stunden einwirken lassen, dann auswaschen.

Oder die Wäsche einige Stunden lang in saure Milch legen und anschließend einige Minuten lang in einer Seifenflockenlösung auskochen.

Oder die Wäsche in Essig einweichen.

Schweißflecke:
Mit Essigwasser auswaschen.

Spinatflecke:
Mit einer rohen Kartoffel abreiben, in Seifenlauge auswaschen und mit klarem Wasser nachspülen.

Teeflecke:
Mit kochendheißem Wasser übergießen.

Teerflecke:
Mit Butter einreiben. Dann mit Seife nachreiben.

Oder mit Eigelb einreiben und mit lauwarmem Wasser nachspülen.

Tintenflecke:
Mit Buttermilch beträufeln, einige Stunden einwirken lassen, ausreiben und mit klarem Wasser nachspülen. Solange die Flecke noch frisch sind, können sie wirksam mit Salz behandelt werden! Eventuell wiederholen.

Bei älteren Flecken den Stoff einige Zeit in Zitronensaft einweichen.

Wachsflecke:
Ein Löschpapier auf den Fleck legen und mit dem Bügeleisen darüberfahren. Immer eine neue Stelle des Löschpapiers unter das Bügeleisen legen, bis das Wachs restlos aufgesaugt ist.

Mai

Umweltschutz im Garten

Ein Garten kann vielerlei Funktionen haben: Man kann Geld sparen durch die eigene Erzeugung von Obst, Gemüse und Blumen, man hat die Möglichkeit, sich gesund mit naturbelassenen Lebensmitteln zu ernähren, man kann den Kindern einen sinnvollen Spielraum bieten, man kann Tieren und Pflanzen, die durch unsere „Zivilisation“ bedroht sind, neuen Lebensraum geben usw. usw.

Ein Garten sollte kein Kriegsschauplatz sein – hier sollten weder Unkräuter „vernichtet“ noch Schädlinge „ausgerottet“ werden, schon gar nicht mit harten Chemikalien, die auch dem Menschen gefährlich werden können. Wer sich mit offenen Sinnen in seinen Garten hineinlebt, wird finden, daß gerade die „Unkräuter“ zur Bodengesundung beitragen und meist gleichzeitig Heilpflanzen sind und daß auch die „Schädlinge“ wichtige Glieder in unserem biologischen Verbund sind – und sei es als Bestandteil einer Nahrungskette.

Wenn man dies sehen lernt, ist Gartenarbeit viel mehr als lästiges, langweiliges Unkrautzupfen. Man lernt das Wetter, die Jahreszeiten, die Pflanzen und Tiere wieder bewußt wahrzunehmen und findet in der Gartenarbeit einen Weg zur Wiedereingliederung des Menschen in die Natur und – den Weg zu sich selbst.

In einem Biogarten wird auf käufliche Pflanzenschutzmittel und sogenannte Kunstdünger weitestgehend verzichtet. Dagegen arbeitet man mit Kompost, mit Pflanzenbrühen, mit Mischkulturen usw. In solchen Gärten sind die Pflanzen nicht nur gesünder als in den „herkömmlichen“ Gärten – sie sind auch weitaus schmackhafter.

Auf den folgenden Seiten finden Sie Hinweise und Ratschläge für alle, die es schon immer mit der biologischen Bearbeitungsweise versuchen wollten – z. B. erste Tips für „Einsteiger und Umsteiger“, Kompost-Tricks und Hinweise zum biologischen Pflanzenschutz.

Tips für Einsteiger und Umsteiger

– Machen Sie aus Ihrem grünen Rasenteppich einen bunten Blumenrasen! Mähen Sie seltener, benutzen Sie keinen Kantenschneider und keinen Unkrautausstecher. Verzichten Sie auf Rasendünger und Unkrautvernichtungsmittel. Pflanzen und Tiere danken es Ihnen durch unerwarteten Artenreichtum! Schmetterlinge und seltene Vögel werden sich als Gäste auf Ihrem Rasen einfinden.

– Legen Sie ein Stück Ihres Gartens als „Wildgarten“ an – etwa durch Bepflanzen mit Wildblumen und Hecken, Anlegen von Tümpeln, Steinhaufen usw. Damit können Sie den von Pflanzenschutzmitteln vertriebenen Vögeln und Nützlingen einen Unterschlupf und eine Überlebensmöglichkeit bieten.

– Hecken schaffen im Garten ein günstiges Kleinklima, bilden einen hübschen lebenden Zaun als Abgrenzung gegen Nachbargrundstücke und bieten darüber hinaus vielen Vögeln, Insekten usw. Nahrung und Lebensraum. Verwenden Sie für eine Heckenpflanzung möglichst nur heimische Wildsträucher, die Sie bei Baumschulen und Gärtnereien beziehen können. Einheimische Gewächse sind leichter zu pflegen und auch wesentlich billiger als Exoten! Denken Sie daran, auch einige immergrüne Büsche in die Hecke zu pflanzen – z. B. Liguster, damit auch die Frühbrüter unter den Vögeln schon einen geschützten Nistplatz vorfinden.

– Bedecken Sie den Gartenboden mit einer Mulchschicht aus organischen Gartenabfällen (Gras, Laub usw.) Eine solche biologische Decke schützt im Winter vor zu niedrigen Temperaturen, im Sommer vor dem Austrocknen. Mulchen verhindert überdies die Verkarstung des Bodens und mindert auch den Düngeraufwand erheblich. Mulchen bietet außerdem Nahrung für die Bodenlebewesen. Kleine Pflänzchen dürfen natürlich nicht bedeckt werden!

– Die Flächen, auf denen gemulcht werden soll, müssen feucht und locker sein. Also vorher mit Hacke oder Grubber durcharbeiten und – wenn nötig – gießen.

– Frisches, saftiges Material wie Gras, Unkraut, Gemüseabfall usw. darf nur dünn aufgetragen werden.

– Alle Mulchstoffe vorher zerkleinern und miteinander mischen.

– Leichtes, trockenes Material wie z. B. Stroh darf etwas reichlicher aufgetragen werden.

– Es ist immer besser, die Mulchdecke mehrmals aufzufüllen, sobald sie verrottet ist, als sie zu dick und fest zu packen.

– Verzichten Sie auf Torf. Er macht den Boden oft zu sauer. Außerdem werden zu viele Moore ausgetorft und damit ökologisch wertvolle Areale zerstört. Verwenden Sie statt Torf Kompost (selbsthergestellt) oder Rindenhumus (aus dem Fachhandel).

– Regenwürmer tragen zur Stickstoffversorgung und zur Bodenauflockerung bei. Wer Probleme mit seinem Boden hat, sollte deshalb Regenwürmer aussetzen (im Fachhandel erhältlich!).

– Beetflächen sollten möglichst nicht betreten werden, wenn sie naß sind – der Boden verdichtet sich sonst zu stark.

– Bearbeiten Sie Ihren Boden mit Geräten, die den Untergrund zwar auflockern, aber nicht zerstören, also nicht mit dem Spaten, sondern mit Hacke, Grubber und Sauzahn.

– Bereiten Sie möglichst im Herbst schon Ihre Beete aufs nächste Frühjahr vor! Wenn Sie im Herbst gelockert und gemulcht haben, können Sie bei entsprechenden Temperaturen sofort an die Frühjahrsbestellung gehen.

– Eine gute Bodenvorbereitung, die den Stallmist ersetzt (der für viele Hobbygärtner kaum erhältlich sein wird), ist die Gründüngung. Diese kann auf alle abgeernteten Flächen gesät werden. Als Gründüngung eignen sich: Senf, Lupinen, Klee sowie spezielle, im Fachhandel angebotene Gründüngungsmischungen für Kleingärten.

– Legen Sie Hügelbeete in Ihrem Garten an. Die Vorteile eines Hügelbeetes sind unbestreitbar: frühere Ernte, weil der Boden gut durchwärmt ist, reichlichere

Ernte, weil mehr Platz zur Verfügung steht, leichtere Bearbeitung.

– Und so wird's gemacht:

Zur Anlage eines Hügelbeetes benötigt man eine möglichst sonnige Fläche in Nord-Süd-Richtung mit einer Breite von etwa anderthalb Metern in beliebiger Länge.

Zunächst hebt man auf dieser Fläche die Erde etwa zwanzig Zentimeter tief aus.

Danach schichtet man als unterste Lage in der Mitte dieser Vertiefung etwa vierzig Zentimeter hoch zerkleinerte Äste, Heckenschnitte usw. auf. Das ergibt den luftigen Kern des Hügelbeetes.

Wenn Sie Thuja (Lebensbaum-)Zweige dazulegen, werden die Wühlmäuse ferngehalten! Auch Dornensträucher wie Stachelbeeren usw. helfen gegen Mäuse.

Dieser Kern aus Ästen wird mit Grassoden bedeckt – dabei werden die Soden mit dem Gras nach unten auf die Äste gelegt!

Wenn Grassoden nicht verfügbar sind, kann man auch Laub, Gras und zerkleinerte Strohabfälle verwenden. Darauf folgt eine etwa zwanzig Zentimeter dicke Lage aus Laub.

Die oberste Decke sollte aus Kompost und Gartenerde bestehen (die Gartenerde aus dem Aushub des Hügelbeetes sollte deshalb aufgehoben werden!).

– Die Bepflanzung eines Hügelbeets hängt vom Alter des Beetes ab. Die Materialien, aus denen es errichtet wurde, zersetzen sich innerhalb von ungefähr sechs Jahren. Im ersten und zweiten Jahr ist die Nährstoffabgabe in einem solchen Beet besonders hoch, weshalb man in dieser Zeit Starkzehrer anbauen sollte – also Kohl,

Tomaten, Porree, Gurken und Bohnen. Im dritten und vierten Jahr empfiehlt sich der Anbau von Erbsen, Möhren, Radieschen und Erdbeeren. In den letzten beiden Jahren sollte man auf dem Hügelbeet Bohnen, Möhren, Erbsen, Zwiebeln, Salat, Spinat und Kartoffeln anbauen.

– So können Sie die Beschaffenheit Ihres Gartenbodens auch ohne Bodenprobe erkennen: Achten Sie auf die sogenannten Weiserpflanzen – sie signalisieren Ihnen, ob der Boden richtig gedüngt und bearbeitet wurde oder ob ihm bestimmte Stoffe fehlen.

Es zeigen an:

Stauende Nässe – Ackerminze, Kriechender Hahnenfuß, Schachtelhalm, Huflattich

Verdichteter Boden – Gänsefingerkraut, Breitwegerich

Trockener Boden – Ackerziest, Große Fetthenne, Wegwarte

Reichlicher Stickstoffgehalt – Vogelmiere, Weiße Taubnessel, Schwarzer Nachtschatten, Gemeines Kreuzkraut

Kalkarmer Boden – Ackerstiefmütterchen, Sauerampfer

– Tips für den Sameneinkauf:

Kaufen Sie nur ungebeiztes Saatgut.

Wählen Sie alte Sorten – „Hybrid“ und „Hochzüchtung“ sind meistens auf den Erwerbsgartenbau zugeschnitten. Beachten Sie das Abfüll- bzw. Haltbarkeitsdatum.

Kaufen Sie bei Hülsenfrüchten lose Ware – das ist billiger!

– Komposthaufen dürfen nicht auf einer festen Unterlage (Stein, Beton) aufgesetzt werden. Sie brauchen den direkten Kontakt zur Erde, damit die Regenwürmer ihren Weg hinein finden können.
– Legen Sie zu kompostierende Abfälle niemals in eine Grube. Verwenden Sie auch keine rundum geschlossenen Behälter. Beides führt zu Luftmangel. Als Folge fault der Kompost und stinkt.
– Vermeiden Sie eine Austrocknung des Komposthaufens. Legen Sie ihn deshalb im Halbschatten unter Büschen an, und decken Sie ihn ab. Die Kleinstlebewesen, die im Kompost arbeiten, brauchen eine gewisse Feuchtigkeit. Wenn nötig, den Komposthaufen bewässern!
– Der Komposthaufen darf allerdings auch nicht zu naß sein, weil sonst die Regenwürmer keine Luft mehr bekommen. Auch gegen Durchnässung durch Regen hilft eine Abdeckung des Komposthaufens.
– Decken Sie den fertigen Komposthaufen mit einer Laub- oder Strohschicht ab, um die Wärmeentwicklung zu fördern und Stickstoffverluste zu vermeiden.
– So prüfen Sie, ob Ihr Kompost „richtig“ ist:

Fällt das Material beim Zusammendrücken auseinander, fehlt Wasser.

Läuft beim Zusammendrücken das Wasser heraus, besteht eine zu hohe Feuchtigkeit.
– Das alles gehört in den Kompost:

Laub, Pflanzenreste, Rasenschnitt, Heckenschnitt, Unkraut, Obst- und Gemüsereste, Kaffeesatz, Eierschalen.

– Warten Sie nicht, bis sich Ihr Kompost zu feiner Krümelerde zersetzt hat, ehe Sie ihn im Garten verteilen. Der letzte Prozeß kann auf den Beeten ablaufen! Es dürfen also durchaus noch deutliche Strukturen des ursprünglichen Materials erkennbar sein.
– Ganz reifen Kompost, der also schon ganz in feinkrümelige Erde übergegangen ist, braucht man für Frühbeetkästen und Saatrillen.
– Halbreifer Kompost darf nie direkt mit den Wurzeln in Berührung kommen – er arbeitet ja noch und benötigt viel Sauerstoff, den er sonst den feinen Würzelchen entziehen würde.
– Gröberer, halbreifer Kompost wird als Mulchkompost oberflächlich auf den Beeten ausgebreitet und nur leicht eingeharkt.
– Der beste Zeitpunkt zur Ausbringung von Kompost ist der Herbst, solange die Erde noch warm und lebendig ist. Aber auch im Frühling kann man ihn noch ausbringen, sobald der Boden sich wieder erwärmt und die Kleinlebewesen wieder aktiv werden. Auf kalte oder gar gefrorene Erde sollten Sie keinen Kompost verteilen!

Flüssigdünger – selbstgemacht

Ohne großen Aufwand lassen sich wachstumsfördernde Pflanzenjauchen herstellen, die idealer Flüssigdünger für Biogärten sind. Als Behälter eignen sich Holzfässer, Steintöpfe oder auch Kunststoffässer. Die Gefäße werden jeweils zu etwa drei Vierteln mit Pflanzenmaterial gefüllt, dann wird mit Regenwasser aufgegossen. Man rechnet ein Kilogramm frisches Pflanzenmaterial auf zehn Liter Wasser.

Nach zwei bis drei Tagen setzt die Gärung ein. Jetzt ist Sauerstoff nötig, um die Zersetzung zu beschleunigen. Deshalb mindestens einmal täglich kräftig umrühren! Nach zwei bis vier Wochen ist die Lösung gebrauchsfertig. Vor der Anwendung sollte sie unbedingt im Verhältnis 1:10 mit Wasser verdünnt werden.

– Brennesseljauche wirkt ausgleichend und heilend, fördert das Wachstum und die Bildung von Blattgrün. Verwendet wird das ganze Kraut vor der Blüte. Zerschneiden Sie dazu die Stengel in handliche Länge oder verwenden Sie getrocknete Brennesseln.

– Beinwelljauche (Comfrey) ist stark stickstoffhaltig und fördert besonders Tomatenpflanzen. Comfreyblätter können auch gut mit Brennesseln gemischt werden.

– Kohljauche hat ebenfalls eine gute Düngewirkung. Man stellt sie aus Kohlresten (Blättern, Strünken) her.

– Auch gemischte Kräuter lassen sich als Jauche ansetzen. Geeignet sind Hirtentäschel, Schachtelhalm, Kamille, Rainfarn, Farnkraut, Löwenzahn, Zwiebeln und Knoblauch. Auch Rasenschnitt kann mitverwendet werden.

– Die Pflanzenjauche sollte möglichst an trüben Tagen auf feuchte Erde verteilt werden.

– Gießen Sie die verdünnte Brühe in den Wurzelbereich der Pflanzen, nicht auf die Blätter. Besonders bei heißem und trockenem Wetter besteht sonst Verbrennungsgefahr.

– Je milder eine Pflanzenjauche angesetzt ist, desto

weniger sind unerwünschte Begleiterscheinungen zu befürchten.
– Ganz gefahrlos ist die Anwendung der Jauchen, wenn Sie den Kompost damit begießen.

Biologischer Pflanzenschutz durch Mischkultur

– Verbannen Sie nicht radikal die Wildkräuter aus Ihrem Garten. Viele Wildkräuter begünstigen die Artenvielfalt, weil sie Insekten anziehen oder abwehren. Außerdem lassen sich aus Wildkräutern Brühen und Jauchen zubereiten, die Sie gezielt gegen Schädlingsbefall einsetzen können.
– Beschränken Sie sich in Ihrem Garten auf einheimische Pflanzen, die Ihren Umweltverhältnissen angepaßt sind. Exoten sind teuer und brauchen viel Pflege. Außerdem sind sie auch besonders empfindlich gegen Schädlingsbefall.
– Legen Sie Pflanzengemeinschaften an. Pflanzen Sie z. B. Obst und Gemüse neben Kräuter und Hecken.
– Seien Sie auch nicht gleich beunruhigt, wenn Sie an Ihren Pflanzen ein paar „Mitesser“ entdecken. Nicht jeder Befall muß bekämpft werden. Wo Schädlinge sind, stellen sich meistens auch bald Nützlinge ein. Behalten Sie die Pflanzen im Auge und greifen Sie erst ein, wenn es wirklich nötig wird.
– Halten Sie beim Gemüseanbau eine Fruchtfolge ein – das bedeutet, daß dieselbe Gemüseart nicht mehrmals

hintereinander auf dem gleichen Platz angebaut werden sollte (Tomaten machen eine Ausnahme!). Beispiel für eine ausgewogene Fruchtfolge:

erstes Jahr – Blattgemüse (Spinat, Salat)

zweites Jahr – Frucht- und Samengemüse (Erbsen, Bohnen, Gurken)

drittes Jahr – Wurzelgemüse (Rettich, Karotten, Sellerie).

– Durch gebührend große Pflanzabstände muß gewährleistet sein, daß auch bei Mischkulturen jede Art ausreichend Platz hat. Ein sonniger Standort und schnelles Abtrocknen nach Regengüssen sind sehr wichtig.

– Legen Sie Ihre Gemüsebeete als Mischkultur an. Pflanzen, die sich vertragen, können sich gegenseitig schützen.

– Gute Nachbarn sind:
– Möhren – Zwiebeln – Porree (Lauch)
– Bohnen – Möhren – Blumenkohl
– Sellerie – Porree (Lauch)
– Möhren – Salat – Schnittlauch
– Tomaten – Petersilie
– Tomaten – Sellerie
– Salat – Radieschen – Kohlrabi
– Kohl – Buschbohnen
– Erdbeeren – Salat – Lauch – Buschbohnen
– Erbsen – Möhren – Gurken – Salat – Kohl
– Kartoffeln – Kohl – dicke Bohnen
– Schlechte Nachbarn sind:
– Fenchel – Tomaten
– Buschbohnen – Zwiebeln
– Kohl – Zwiebeln

– Tomaten – Erbsen
– Erbsen – Bohnen
– Kartoffeln – Sonnenblumen
– Kohl – Senfsaat
– Pflanzen Sie Gewürzkräuter zwischen Ihre Nutzpflanzen. Sie können andere Pflanzen vor Schädlingsbefall bewahren. Zum Beispiel: Ringelblumen, Kapuzinerkresse, Weinraute und Tagetes schützen gegen vielerlei Insekten, während Senf, Salbei und Thymian wirksam gegen Schnecken sind.

Erste Hilfe im Biogarten

Chemische Unkrautvernichtungsmittel, Insektenspritzen usw. sind im Biogarten verpönt und nicht nötig. Es gibt viele natürliche Mittel, die man auprobieren kann, wenn wirklich einmal die „Schädlinge" überhandnehmen.
– Gegen Ameisen kann man Lavendel, Majoran und Thymian pflanzen. Auch das Mulchen mit Tomatenblättern und Farnkraut hilft. Notfalls heißes Wasser auf die Nester gießen.
– Blattläuse kann man absammeln. Oder man sprüht die Pflanzen mit einem scharfen Wasserstrahl ab. Brennesseljauche und flüssiger Algendünger (aus dem Fachhandel) können ebenfalls wirksam sein.
– Gegen Engerlinge empfiehlt es sich, Knoblauch zu pflanzen. Außerdem sollte man den Boden öfter lockern und hacken.
– Um Schädlinge durch Erbsenwickler zu vermeiden,

empfiehlt es sich, die Erbsen möglichst früh oder möglichst spät zu säen, um die Flugzeit (Mai bis Juni) zu vermeiden. Auch Algenkalk, auf die Beete gestreut, hilft gegen Erbsenwickler.

– Grauschimmel bei Erdbeeren taucht hauptsächlich in feuchten Jahren auf. Ein luftiger Stand ist deshalb eine gute Vorbeugung. Hilfreich ist auch das Gießen mit Brennessel- oder Schachtelhalm-Jauche.

– Kartoffelkäfer sollte man absammeln, die Kartoffelblätter außerdem mit Algenkalk oder Gesteinsmehl überstäuben und Brennesseljauche gießen.

– Gegen die Schäden der Kohlfliege hilft es, wenn man ihre Flugzeit vermeidet (Ende April bis Anfang Mai) und erst danach pflanzt. Die Jungpflanzen möglichst tief setzen und in Mischkultur mit Tomaten pflanzen. Auch das Streuen mit Gesteinsmehl und Algenkalk ist hilfreich.

– Gegen Kohlweißlinge sollte man den Kohl in Mischkultur mit Tomaten, Sellerie und Spinat pflanzen. Oder versuchen Sie es einmal mit einer Bodendecke aus Ligusterzweigen. Auch die Spritzung mit Wermut-Tee und Tomatenblätter-Brühe hilft.

– Gegen Mehltau empfiehlt sich die Spritzung mit Schachtelhalm-Tee.

– Auch gegen Rost empfiehlt sich Schachtelhalm-Tee.

– Gegen Schnecken Kalk, Gesteinsmehl oder Holzasche um die gefährdeten Kulturen streuen. Schützen Sie die natürlichen Feinde der Schnecken: Igel, Kröten, Blindschleichen, Eidechsen, Spitzmäuse und Vögel.

– Gegen Wühlmäuse hilft es, wenn man Thujazweige, Knoblauchzehen oder Fischköpfe in ihre Gänge legt. Oder graben Sie Flaschen schräg in die Erde ein – mit der

Öffnung nach oben. Der Pfeifton, der entsteht, wenn der Wind darüberstreicht, ist den Wühlmäusen äußerst unangenehm.

Auch beim Gießen: Wasser sparen!

– Viele Gärtner überschwemmen tagsüber regelrecht ihre Gärten, wenn ein blauer Himmel viel Sonne verspricht. Dieses Wasser verdunstet zum Großteil und nützt den Pflanzen nicht viel! Es ist wassersparender und auch für die Pflanzen viel besser, in den kühleren Abendstunden oder ganz früh am Morgen zu sprengen, wenn Pflanzen und Boden noch nicht aufgewärmt sind. So wird ein Kälteschock vermieden, der den Pflanzen schaden könnte.
– Alle paar Tage gründlich gießen ist besser als täglich, aber oberflächlich zu sprengen!
– Sammeln Sie, wenn es irgend geht, Regenwasser. Oder lassen Sie das Leitungswasser in Tonnen abstehen und anwärmen.
– Bodenbedeckung (Mulchen) verhindert unnötige Wasserverdunstung! Gemulchte Gärten kommen in normalen Sommern fast ohne Bewässerung aus.

Juni

Umweltfreundlich Auto fahren

Umweltfreundlich Auto fahren – das ist eigentlich ein Widerspruch in sich selbst. Am umweltfreundlichsten ist ein Kraftfahrzeug ja immer dann, wenn man es nicht benutzt. Aber ohne Auto geht es bei vielen Menschen doch nicht, deshalb sollte man sich einige Gedanken darüber machen, wie man Auto fahren kann, ohne die Umwelt übermäßig und unnötig zu belasten.

Überlegungen zum Autokauf

– Entscheiden Sie sich auf jeden Fall für ein Auto mit Abgaskatalysator.
– Achten Sie auf niedrige Lärm-, Abgas- und Verbrauchswerte.
– Verzichten Sie auf Metallic-Farben. Bei der Herstellung dieser Farben läßt sich eine außergewöhnliche Umweltbelastung durch gefährliche Lösemittel nicht vermeiden.

Wartungs-Tips

Ein regelmäßig gewartetes Auto schützt nicht nur vor unliebsamen Überraschungen, sondern trägt durch optimale Einstellung der Verbrauchs- und Abgaswerte usw. auch zum Schutz der Umwelt bei. Außerdem hilft ein Auto, das rundum „in Ordnung“ ist, auch Geld sparen – durch niedrigeren Treibstoff- und Ölverbrauch zum Beispiel.

– Lassen Sie mindestens einmal im Jahr Zündanlage, Vergaser, Ventile und Luftfilter in der Werkstatt prüfen. Einwandfreie Motoren sparen bis zu 20 Prozent Kraftstoff und produzieren entsprechend weniger Abgase.

– Auch die Reifen brauchen den richtigen Druck: Schon 0,5 bar Unterdruck bedeuten fünf Prozent mehr Treibstoffverbrauch!

– Ein schlecht eingestellter Vergaser kann bis zu 20 Prozent höheren Energieaufwand bedeuten.

– Lassen Sie auch die Startautomatik überprüfen. Eine nicht richtig arbeitende Startautomatik kann im Kurzstreckenverkehr den Kraftstoffverbrauch auf das Doppelte ansteigen lassen.

– Schlechtes oder falsches Öl (z. B. Sommeröl im Winter) erzeugt einen übermäßig hohen Reibungswiderstand, der mehr Antriebsenergie erfordert. Dasselbe gilt für zuwenig oder zuviel eingefülltes Öl – deshalb beachten Sie genau die Markierung am Meßstab.

– Manche Autos haben beim Luftfilter eine Sommer- und eine Wintereinstellung. Entspricht diese nicht der Jahreszeit, erhöht sich der Verbrauch. Stark verschmutzte Luftfilter verursachen höhere Betriebskosten!

– Kontrollieren Sie Motor und Getriebe gelegentlich auf undichte Stellen, an denen Öl und Kraftstoff heraustropfen kann.
– Auch die Auspuffanlage sollte einwandfrei sein.
– Lärmschutz ist Menschenschutz.

Fahr-Tips

– Motor starten und sofort losfahren. Warmlaufenlassen im Stand verpestet nicht nur unnötig die Luft (im Leerlauf sind die Abgaswerte besonders ungünstig), sondern kostet zusätzlich Kraftstoff, belästigt die Nachbarn und schadet obendrein noch dem Motor. Die erforderliche Betriebstemperatur wird beim Fahren am schnellsten erreicht.
– Drei Minuten Leerlauf entsprechen dem Benzinverbrauch von einem Kilometer Fahrt! An geschlossenen Bahnschranken, bei Autobahnstauungen und anderen längeren Wartezeiten lohnt es sich, den Motor abzustellen.
– Bringen Sie den Choke möglichst früh wieder in die Ausgangsstellung. Bei voll gezogener Drosselklappe steigt der Verbrauch auf das Doppelte bis Dreifache.
– Sogenannte Kavalierstarts, ständiges scharfes Beschleunigen und das damit zwangsläufig verbundene häufige Bremsen verursachen nicht nur einen höheren Benzinverbrauch, sondern führen auch zu einem frühzeitigen Verschleiß von Reifen, Brems- und Kupplungsbelägen und nicht zuletzt der Nerven des Fahrers! Mit

gleichmäßigem Fahren kommt man – zumal im Stadtverkehr – ebenso schnell voran, braucht bis 45 Prozent weniger Treibstoff, schützt Umwelt und Mitmenschen und hilft mit, die Zahl der Verkehrsunfälle zu verringern.
– Höchstgeschwindigkeiten bedeuten höchsten Energieverbrauch und maximale Umweltbelastung! Bleibt man nur 20 Prozent unter der möglichen Höchstmarke, spart man schon rund ein Viertel Benzin bzw. Dieselöl ein. Je größer das Auto, desto höher auch die Einsparung.
– Je mehr Sitzplätze in einem Auto belegt sind, desto wirtschaftlicher wird das Fahren. Wenn schon Individualverkehr, dann sollte man auch die Größe des Autos nicht nur an Wochenenden mit der Familie nutzen, sondern auch werktags. Bei einer Vierer-Fahrgemeinschaft fährt dann z. B. nur noch ein Auto (statt vier) von einem bestimmten Dorf- oder Stadtteil zum gemeinsamen Arbeitsplatz, die Fahrtkosten reduzieren sich um 75 %, und die Umwelt wird entsprechend entlastet. Zusätzlich verfügen die zu Hause gebliebenen Ehe-Partner(innen) über einen Wagen, der die Anschaffung eines Zweitautos überflüssig macht.
– Nutzen Sie an verkaufsoffenen Sonnabenden das Park-and-Ride-Angebot. An solchen Tagen macht der Parkplatz-Suchverkehr in den Innenstädten bis zu 75 Prozent des Gesamtverkehrs aus! Von den Abgasen sind die Fußgänger und die Autofahrer selbst am meisten betroffen.

Extra-Tips-Extra-Tips-Extra-Tips-Extra-Tips-Extra-Tips

– Ein entrümpelter Kofferraum hilft Energie sparen! Als Faustregel gilt: 100 Kilogramm zusätzliches Gewicht kosten 1 Liter mehr Treibstoff auf 100 Kilometer Fahrtstrecke.

– Dachgepäckträger erhöhen den Luftwiderstand ganz wesentlich und können – je nach Geschwindigkeit – den Verbrauch an Treibstoff um bis zu 15 Prozent steigern. Es macht sich deshalb bezahlt, den Gepäckträger nur bei wirklichem Bedarf zu montieren.

– Wild deponierte alte Kraftfahrzeugbatterien schädigen durch Blei und Schwefelsäure die Umwelt beträchtlich. Jede Werkstatt nimmt sie an und führt sie der Wiederverwertung zu – deshalb bitte nicht wegwerfen.

– Eine Motorwäsche darf nur in einer Werkstatt oder Tankstelle durchgeführt werden. Die dabei entstehende Öl-Wasser-Emulsion muß über einen Ölabscheider laufen, damit sie nicht ins Erdreich oder ins Grundwasser gelangt. Dasselbe gilt auch für den Ölwechsel. Man kann ihn zwar selbst durchführen, doch das Altöl ist nur in einer Altöl-Sammelstelle gut aufgehoben.

Möglichkeiten zum Wassersparen im Haushalt

Wasser wird es auch in Zukunft immer auf der Erde geben – schließlich sind ja etwa drei Viertel der Erdoberfläche mit Wasser bedeckt. Dieses bewegt sich in einem ewigen Kreislauf zwischen Verdunsten, Kondensieren und Abregnen. Jedoch das vom Menschen benötigte Trinkwasser wird durch Einflüsse der Zivilisation laufend knapper und droht in absehbarer Zeit zur Mangelware zu werden.

Mehrere Faktoren haben in letzter Zeit zu einer raschen Verschlechterung der Trinkwassersituation geführt:

1. **Die Zunahme des Trinkwasserbedarfs**
   In den letzten fünfzig Jahren hat sich der Trinkwasserbedarf um das Vierzigfache vermehrt! Gründe dafür sind die Verdoppelung der Bevölkerung, ein gesteigertes Hygienebewußtsein, ein geändertes Konsumverhalten, die Ausweitung der industriellen Produktion.

2. **Der Rückgang der Grundwasservorräte**
   Die Auffüllung der Grundwasservorräte durch Niederschläge ist zurückgegangen. Die Abdichtung der

Erdoberfläche durch Häuser, Straßen, Flugplätze usw. verhindert das Versickern des Regens. In der Bundesrepublik Deutschland versickern nur 14 Prozent der Niederschläge! Außerdem bedingen Maßnahmen wie Kies- und sonstige Übertageabbaustellen starke regionale Grundwasserabsenkungen. Global führt auch die weltweite Abholzung der Wälder zu einer Grundwasserabsenkung.

3. **Der Qualitätsrückgang der Süßwasservorräte**
   Durch Verschmutzung und Versalzung wird die Qualität unserer Süßwasservorräte laufend verschlechtert. Alles von Haushalten, Gewerbe, Industrie und Landwirtschaft benutzte Trinkwasser fließt meistens ungenügend geklärt in die Oberflächengewässer, teilweise auch direkt in das Grundwasser zurück. Eine Reihe von chemischen Giften und Schwermetallen, Lösungsmitteln aus Haushalt und Gewerbe sowie die Inhaltsstoffe der Waschmittel werden von den Kläranlagen kaum erfaßt und kommen in mehr oder weniger großen Spuren in das wieder aufbereitete Trinkwasser.

Es ist also durchaus sinnvoll und notwendig, auch im Haushalt Wasser einzusparen, wo immer dies möglich ist.

Wassersparen in Bad und WC

– Reparieren Sie tropfende Wasserhähne! Einen defekten Dichtring kann jedermann ersetzen – auch ein Laie mit zwei „linken" Händen!
– Lieber duschen als baden – das erfordert nur ein Viertel der Wasser- und Energiemenge.
– Mit Hilfe von besonders sparsamen Duschköpfen, die in jedem Fachgeschäft erhältlich und leicht gegen die vorhandenen auszutauschen sind, können Sie den Wasserverbrauch nochmals um etwa ein Drittel reduzieren.
– Von Hochdruckduschköpfen kann nur abgeraten werden:
– Sie vergeuden extrem viel Wasser.
– Stellen Sie während des Einseifens das Wasser ab.
– Sparen Sie Wasser bei der Toilettenspülung! Mit kleinen, nicht sehr aufwendigen Manipulationen kann jeder Bastler den Spülkasten umrüsten. Fertige Bausätze gibt es für etwa 10 bis 20 Mark. Notfalls tun es auch zwei Backsteine, die das Wasservolumen im Spülbecken von neun auf sechs Liter reduzieren. Das ist auch unter hygienischen Gesichtspunkten allemal ausreichend.

Spartips für den Warmwasserverbrauch

– Stellen Sie Ihren Warmwasserspeicher auf höchstens 45 Grad Celsius ein! Diese Temperatur ist für alle Zwecke im Haushalt ausreichend. Sie verringern damit den Energieverlust erheblich. Bei niedrigeren Temperaturen bildet sich auch weniger Kesselstein (Kalk), der die Wärmeübertragung erheblich verschlechtert.

– Wenn Sie in einem größeren Haushalt sehr viel warmes Wasser verbrauchen, können Sie Ihren Gesamtenergieverbrauch verringern, wenn Sie Haushaltsgeräte wie Wasch- oder Geschirrspülmaschine direkt an das Warmwassernetz anschließen. Die Geräte selbst benötigen für die Aufheizung von Wasser relativ gesehen wesentlich mehr Energie als Ihr Warmwassersystem.

– Wenn Sie mit Öl heizen, sollten Sie Ihre Warmwasseraufbereitung mit der Zentralheizung koppeln. Der Speicher muß groß genug bemessen sein, und die Temperaturregelung sollte unbedingt getrennt funktionieren.

– Strom sollte nur dort zum Aufheizen von Wasser verwendet werden, wo die Warmwasserleitungen sehr lang sind und damit der Wärmeverlust beim Transport zu groß ist. Wenn der Verbrauch sehr gering ist, kann ebenfalls eine elektrische Aufheizung empfohlen werden. Niedertarif-Speicher, die Nachtstrom nutzen, gelten als wirtschaftlich, nicht dagegen Durchlauferhitzer, die ihre Energie aus teurem Tagstrom beziehen.

– Bei längerer Abwesenheit (z. B. im Urlaub) sollten Sie Ihre Warmwasseraufbereitung ganz abschalten. Wenn es in Ihrem Haus noch eine Zirkulationspumpe gibt, können Sie diese nachts mit Hilfe einer Zeitschaltuhr abschalten.

– Es lohnt sich in jedem Fall, Speicher und Leitungen zu isolieren, um die Wärmeverluste zu verringern. Eine Wärmedämmung des Wasserspeichers mit zehn Zentimeter dickem Isoliermaterial macht sich sehr schnell bezahlt.

Juli

Kosmetik ohne Schönfärberei

Die zunehmende „Chemisierung“ unserer Umwelt schlägt sich auch bei den kosmetischen Produkten nieder. Die meisten davon enthalten synthetisch hergestellte Stoffe. Schon heute reagiert jeder zehnte Bundesbürger auf einen oder mehrere Stoffe aus der Umwelt allergisch. Für die Haut ist nach Meinung einiger Wissenschaftler bereits die Grenze der Belastbarkeit erreicht.

Noch vor fünfzig Jahren waren die Inhaltsstoffe kosmetischer Produkte weitgehend bekannt. Heute dagegen ist der Verbraucher den Werbeversprechungen der Kosmetikindustrie hoffnungslos ausgeliefert. Denn noch immer besteht keine ausreichende Verpflichtung für die Hersteller, die Inhaltsstoffe zu deklarieren. Dabei sind Kosmetika durchaus nicht immer nur harmlose Mittelchen – einige von ihnen können heftige Unverträglichkeitsreaktionen hervorrufen.

Als bedenklich gelten beispielsweise einige Farbstoffe in Haarfärbemitteln. Obwohl sie Allergien auslösen können, tun sich Hersteller (und Verbraucher!) schwer, auf diese Haarfärbemittel zu verzichten – weil sie angeblich die schönsten Farben ergeben. Mit Wasserstoffsuperoxid wird das Haar zunächst entfärbt und dann mit Hilfe von Chemikalien eingefärbt. Die stärkste allergieauslösende Farbe – das tiefste Schwarz (Phenylendiamin) – wurde zwar verboten, doch auch der Ersatzstoff (Toluylendiamin) kann unerwünschte Haut- und Körperreaktionen bewirken.

Auch andere Kosmetika (Lidschatten, Lippenstifte usw.) enthalten zum Teil Farbstoffe, die beispielsweise in den USA verboten sind und vom Krebsforschungszentrum der Weltgesundheitsorganisation WHO als krebsverdächtig eingestuft wurden: Amaranth, Brillant Blau, Benzyl-Violett und andere.

Auch verschiedene Konservierungsstoffe sind vom gesundheitlichen Standpunkt sehr bedenklich. Zum Beispiel Formaldehyd, das schon seit Jahren als krebserzeugend gilt und auf den Verpackungen deklariert werden muß. Auch Hexachlorophen (HCP), das als antibakterieller Zusatz von Shampoos, medizinischen Lotionen und Salben sowie als Konservierungsmittel verwendet wird, ist in Verruf gekommen, weil es Mißbildungen hervorrufen kann.

Kosmetik macht also unter Umständen nicht nur schön, sondern auch krank! Daß man trotzdem nicht auf Schönheitsmittel verzichten muß, zeigen die folgenden Seiten.

Darauf sollten Sie beim Einkauf achten

Wenn Sie die folgenden Hinweise beachten, bewahren Sie nicht nur sich selbst vor gesundheitlichen Gefährdungen, sondern schützen auch die Umwelt vor unnötigen Belastungen bei der Herstellung schädlicher Kosmetika.

Nicht zuletzt können Sie vielen Versuchstieren ein trauriges Los bei der Erprobung neuer synthetischer Kosmetika ersparen!

– Meiden Sie Lidschatten, Lippenstifte und Wimperntusche, die als Billigprodukte aus fernöstlichen Ländern auf unseren Markt gelangen.

– Benutzen Sie keine Oxidationshaarfärbemittel. Sie enthalten Verbindungen, die krebsverdächtig sind. Verwenden Sie zum Haarefärben statt dessen Naturfarben, z. B. Henna aus den getrockneten und geriebenen Blättern des Hennastrauches.

– Achten Sie auf den Formaldehyd-Gehalt Ihrer Kosmetika! Wenn die Produkte ein Verfallsdatum tragen, enthalten sie in der Regel wenig oder gar keine Konservierungsmittel.

– Verzichten Sie auf Nagelhärter, der Formaldehyd enthält.

– Vermeiden Sie – wenn möglich – hexachlorophenhaltige Kosmetika.

– Achten Sie auf die Verpackung! Große Verpackungen täuschen oft nur Qualität vor und sind alles andere als umweltfreundlich.

– Vermeiden Sie Deodorante, die die Ausgänge der Schweißdrüsen verschließen (sogenannte Anti-Transpirants).

– Dekorative Kosmetika enthalten die höchsten Schadstoffrückstände. Neuerdings gibt es aber sogar Lippenstifte aus Pflanzenölen und natürlichen, unbedenklichen Farbstoffen.

– Umweltfreundliche und wirklich gesundheitserhaltende Kosmetika werden heute von vielen Firmen angeboten (Bio- und „grüne" Läden, Reformhäuser, aber auch Apotheken und gut sortierte Drogerien führen diese Produkte!). Ausgangssubstanz sind dabei rein natürliche Stoffe. Empfehlenswerte Produkte enthalten keine mineralischen Öle, weder synthetische Duft- oder Aromastoffe noch künstliche Konservierungsmittel und sind auch nicht chemisch gefärbt.

Kosmetika zum Selbermachen

Naturkosmetik ist nicht immer ganz billig. Es ist deshalb durchaus eine Alternative, sich seine Naturkosmetik selbst herzustellen. Man braucht dazu weder ein Labor noch aufwendige Grundstoffe – meistens genügen die Geräte und Substanzen, die sich in jeder Küche finden. Rezepte und Hinweise gibt es in vielen Büchern, die in den Buchhandlungen erhältlich sind. Auf den folgenden Seiten finden Sie eine Fülle einfacher Rezepte, die wohl jeder nacharbeiten und ausprobieren kann.

Rezepte für die Gesichtspflege

Reinigungslotion für jeden Hauttyp
Zutaten:
5 Eßlöffel Sonnenblumenöl (aus dem Reformhaus), 2 Eßlöffel Milch, 2 Eßlöffel Rosenwasser und 2 Eßlöffel Hamameliswasser (beides in der Apotheke erhältlich)

Zubereitung:
Das Sonnenblumenöl und die Milch kräftig miteinander vermischen. Dieser Lösung die anderen Zutaten langsam, in kleinen Mengen und unter ständigem leichtem Schütteln zugeben. In eine dunkle Flasche abfüllen und im Kühlschrank aufbewahren. Vor jedem Gebrauch schütteln!

Reinigungslotion für trockene Haut
Zutaten:
4 Eßlöffel Milch, 4 Eßlöffel Avocadoöl (aus der Apotheke), 4 Eßlöffel Orangensaft, 1 Teelöffel Borax (aus der Apotheke oder Drogerie)

Zubereitung:
Die Milch und das Öl in einem geschlossenen Gefäß kräftig schütteln, bis sie sich gänzlich gemischt haben. Den Orangensaft leicht anwärmen und den Borax darin auflösen. Die Boraxmischung zu der Ölmischung geben und wieder kräftig schütteln. In eine dunkle Flasche füllen und im Kühlschrank aufbewahren. Vor Gebrauch stets gut schütteln.

Reinigungsöl für fettige, unreine Haut
Zutaten:
3 Teelöffel Olivenöl, 1 Eßlöffel süßes Mandelöl, 3 Teelöffel Lanolin (alles in der Apotheke erhältlich), 1 Eßlöffel frische gehackte Petersilie

Zubereitung:
Die gehackte Petersilie in ein verschließbares Glas geben und mit dem Olivenöl übergießen. Eine Woche lang an einem warmen Ort stehen lassen, dann durch ein Mulltuch abfiltern und dabei die Pflanzenrückstände gut ausdrücken. Das gefilterte Petersilien-Olivenöl, das Mandelöl und das Lanolin im Wasserbad erwärmen bzw. schmelzen. Alles gut miteinander verrühren und in eine dunkle Flasche abfüllen.

Dampfbäder und Kompressen
Dampfbäder und Kompressen bewirken eine Tiefenreinigung der Haut. Einmal wöchentlich sollten Sie sich eine solche Reinigung gönnen – Ihre Haut wird es Ihnen danken!

Ein Dampfbad ist sehr einfach zubereitet. Sie geben lediglich – je nach Beschaffenheit Ihrer Haut – eines oder mehrere der im folgenden angeführten Kräuter in eine tiefe Porzellan- oder Steingutschüssel und füllen diese mit kochendem Wasser auf. Dann beugen Sie sich über die Schüssel und umhüllen den Kopf so mit einem Handtuch, daß möglichst wenig Dampf entweichen kann. Bei trockener, empfindlicher Haut und bei geplatzten Äderchen sollten Sie einen etwas weiteren Abstand (etwa 20 Zentimeter) zur Schüssel halten. Unter diesem Handtuch bleiben Sie so lange, bis das Wasser abgekühlt ist und keinen Dampf mehr entwickelt – also etwa 10 Minuten. Nach Beendigung des Dampfbades das Gesicht mit dem Handtuch trockentupfen und mit Gesichtswasser erfrischen.

Kompressen wirken im Prinzip genauso wie Gesichtsdampfbäder: durch feuchte Wärme, bei der sich die Wirkung der Kräuterzusätze voll entfalten kann. Geben Sie die Kräuter in eine Schüssel und übergießen Sie sie mit kochendem Wasser. Nach einigen Minuten die Flüssigkeit abseihen und warmstellen – z. B. auf der Heizung oder auf einem Stövchen. Tauchen Sie dann ein kleines Frottiertuch in den Kräuteraufguß, wringen Sie es aus, und legen Sie es auf das gereinigte Gesicht. Drücken Sie das Tuch mit den Händen fest an, und tauchen Sie es immer wieder in die Flüssigkeit, sobald es abkühlt oder antrocknet. Bei geplatzten Äderchen und trockener, empfindlicher Gesichtshaut sollten nur lauwarme bis warme Kompressen verwendet werden, bei normaler und fettiger Haut empfehlen sich auch heiße Auflagen. Nach dem Abnehmen der Kompresse wird das Gesicht mit einem Handtuch trockengetupft und mit Gesichtswasser erfrischt.

- Kräuterzusätze für normale Haut:
  Hamamelis, Kamille, Rosmarin, Weißdorn.
- Kräuterzusätze für die trockene, empfindliche Haut:
  Fenchel, Lindenblüten, Melisse, Rosmarin, Weißdorn.
- Kräuterzusätze für die fettige, unreine Haut:
  Arnika, Birkenblätter, Holunder, Huflattich, Johanniskraut, Kamille, Lindenblüten, Petersilie, Pfefferminze, Rosmarin, Salbei, Schachtelhalm, Schafgarbe, Thymian. (Die Kräuter erhalten Sie in der Apotheke – vieles können Sie auch selbst sammeln und trocknen.)

Gesichtswasser für normale Haut
Zutaten:
8 Eßlöffel starker Pfefferminztee, 4 Eßlöffel Hamameliswasser (aus der Apotheke)

Zubereitung:
Geben Sie beide Zutaten in eine dunkle Flasche und schütteln Sie sie gut durch. Kühl aufbewahren!

Gesichtswasser für trockene, empfindliche Haut
Zutaten:
3 Eßlöffel zerkleinerte (nicht pulverisierte!) Lilienwurzeln, ½ Liter destilliertes Wasser (beides in der Apotheke erhältlich), 1 Eßlöffel Bienenhonig

Zubereitung:
Das Wasser zum Kochen bringen, die Lilienwurzeln hineingeben. Den Topf zudecken und die Mischung eine Stunde lang schwach köcheln lassen. In eine Porzellanschüssel umfüllen und über Nacht stehen lassen. Am nächsten Morgen die Mischung durch ein Sieb streichen, nochmals leicht erwärmen und den Bienenhonig darunterrühren. In eine dunkle Flasche abfüllen und kühl aufbewahren.

Gesichtswasser für fettige, unreine Haut
Zutaten:
3 Eßlöffel Ringelblumentinktur, ⅛ Liter Rosenwasser (beides in der Apotheke erhältlich)

Zubereitung:
Gießen Sie die Ringelblumentinktur mit dem Rosenwasser auf. Die Mischung wird in eine dunkle Flasche abgefüllt und gut durchgeschüttelt.

Rezepte für die Handpflege

Handlotion
Zutaten:
⅛ Liter Milch, 1 Teelöffel Bienenhonig, 2 Eßlöffel Zitronensaft.

Zubereitung:
Den Bienenhonig unter die leicht erwärmte Milch rühren. Den Zitronensaft abfiltern und ebenfalls unter die Milch rühren. In eine Flasche füllen und alle zwei bis drei Tage neu zubereiten.

Kamillenhandbad gegen rauhe Hände
Zutaten:
2 Eßlöffel Kamillenblüten, ¼ Liter kochendes Wasser

Zubereitung:
Übergießen Sie die Kamillenblüten mit dem kochenden Wasser. Einige Minuten lang ziehen lassen, wenn die Flüssigkeit handwarm ist, abseihen. Dann die Hände ausgiebig in diesem Aufguß baden.

Rezepte gegen verfärbte Hände

Bei verfärbten Händen (z. B. nach dem Pflücken und Reinigen von Beerenobst) empfehlen sich Apfel- und Zitronenschalen zum Abreiben der Haut.

Rezepte für die Fußpflege

Fußbäder zur Pflege müder und geschwollener Füße

– Setzen Sie dem Fußbad eine Handvoll Salz zu.
– Setzen Sie dem Fußbad den Saft einer Zitrone zu.

Fußbäder gegen Schweißfüße

– Eine Handvoll Birkenblätter (aus der Apotheke) mit kochendem Wasser übergießen, eine Stunde lang ziehen lassen. Abgießen und den Abguß dem Fußbad zusetzen.
– Eine Handvoll Lavendelblüten (aus der Apotheke) mit einem Liter kochendem Wasser übergießen, eine Viertelstunde lang ziehen lassen. Abgießen und den Aufguß dem Fußbad zusetzen.
– Einen Schuß Obstessig ins Fußbad geben.

Rezepte zur Körperpflege

Buttermilchbad zur Pflege der normalen Haut

Zutaten:
2–3 Liter Buttermilch

Zubereitung:
Setzen Sie die Buttermilch Ihrem Vollbad zu.

Honigbad für trockene, empfindliche Haut
Zutaten:
1 Tasse Bienenhonig, 1 Liter Milch

Zubereitung:
Den Bienenhonig im Wasserbad erwärmen und mit der vorgewärmten Milch verrühren. Das Ganze dem Badewasser zusetzen.

Obstessigbad für fettige, unreine Haut
Zutaten:
⅛ Liter Obstessig

Zubereitung:
Geben Sie den Obstessig in das vorbereitete Vollbad.

Senfsamenbad gegen Erkältungen
Zutaten:
8 Eßlöffel Senfsamenpulver (aus der Apotheke)

Zubereitung:
Geben Sie das Senfsamenpulver zum Badewasser.

Duftendes Badesalz
Zutaten:
500 g Salz, 2 Teelöffel synthetisches Parfümöl (aus der Apotheke, aus dem Kräuterhaus oder der Indienboutique), 2 Eßlöffel 7%igen Alkohol (aus der Apotheke)

Zubereitung:
Das Salz in eine Schüssel geben. Das Parfümöl in dem Alkohol lösen und diese Mischung portionsweise unter das Salz rühren. Eine Stunde lang offen stehen lassen, damit der Alkohol verfliegen kann, dann in ein verschließbares Glas abfüllen. Die Mischung reicht für fünf duftende Vollbäder

Körperöl für trockene und normale Haut
Zutaten:
¼ Liter Erdnußöl, 5 Eßlöffel Olivenöl (beides in der Apotheke erhältlich)

Zubereitung:
Das Erdnuß- und das Olivenöl mischen und in eine dunkle Flasche abfüllen. Vor Gebrauch gut schütteln.

Hamamelislotion für die fettige, unreine Haut
Zutaten:
50 g Hamamelisblätter, 1 Liter destilliertes Wasser (beides in der Apotheke erhältlich), ¾ Liter Obstessig

Zubereitung:
Übergießen Sie die Hamamelisblätter mit dem Obstessig. Die Mischung in einem luftdicht verschlossenen Gefäß zwei Wochen lang stehen lassen. Dann durch Kaffeefilterpapier abseihen, dabei die Pflanzenrückstände gut auspressen. Die Flüssigkeit mit destilliertem Wasser auffüllen. Den Körper morgens und abends mit diesem Tonikum massieren.

Rezepte zur Haarpflege

Haarspülung für normales Haar
Zutaten:
ein Schuß Haushalts- oder Obstessig

Zubereitung:
Geben Sie etwa ¼ Liter kaltes Wasser in ein Gefäß, und fügen Sie einen guten Schuß Essig hinzu. Als letzte Spülung nach dem Haarewaschen verwenden.

Haarspülung für sprödes, angegriffenes Haar
Zutaten:
1 Handvoll Lindenblüten (aus der Apotheke), ¼ Liter Wasser

Zubereitung:
Die Lindenblüten einige Minuten lang in dem Wasser leise köcheln lassen. Nach dem Abkühlen abseihen und den Sud als letzte Spülung nach dem Waschen verwenden.

Haarspülung für fettiges Haar und gegen Schuppen
Zutaten:
1 Handvoll Arnikablüten, ¼ Liter kochendes Wasser

Zubereitung:
Die Arnikablüten mit dem Wasser übergießen, eine Stunde lang ziehen lassen, abseihen. Den Sud als letzte Spülung nach dem Waschen verwenden.

Haarwasser für normales Haar
Zutaten:
1 Zwiebel, ⅛ Liter 50%iger Alkohol (in der Apotheke erhältlich)

Zubereitung:
Die Zwiebel schälen und zerhacken. Die Stücke in eine Flasche geben und mit dem Alkohol übergießen. Einen Monat lang ziehen lassen, dann durch Kaffeefilterpapier abgießen und in eine dunkle Flasche abfüllen. Die Kopfhaut täglich mit diesem Haarwasser massieren.

Haarwasser für sprödes, angegriffenes Haar
Zutaten:
1 Teelöffel Glyzerin, ¼ Liter destilliertes Wasser (beides in der Apotheke erhältlich), 2 Eßlöffel Bienenhonig

Zubereitung:
Das Wasser leicht erwärmen, das Glyzerin und den Bienenhonig darunterrühren. In eine dunkle Flasche abfüllen. Haar und Kopfhaut regelmäßig mit diesem Haarwasser massieren.

Haarwasser für fettiges Haar und gegen Schuppen
Zutaten:
2 Handvoll Birkenblätter, ⅛ Liter 70%iger Alkohol, ⅛ Liter destilliertes Wasser, 2 Tropfen Pfefferminzöl (alles in der Apotheke erhältlich)

Zubereitung:
Die Birkenblätter mit 8 Eßlöffeln des Alkohols übergießen, das destillierte Wasser dazugeben und alles in einem verschließbaren Gefäß eine Woche lang ziehen lassen. Abseihen und das in dem restlichen Alkohol gelöste Pfefferminzöl dazugeben. In eine dunkle Flasche abfüllen und täglich die Kopfhaut mit dieser Flüssigkeit massieren.

August

So schützt man sich gegen Insekten und anderes Ungeziefer auf umweltfreundliche Art

Mit der allzeit bereiten Sprayflasche kann man nicht nur Insekten vergiften, sondern auch sich selbst: Immer häufiger nämlich klagen Verwender von Insektensprays über Übelkeit, Kopfweh und ähnliche Beschwerden. Diejenigen aber, von denen man sich mit dem Sprühnebel befreien will – vor allem Mücken und Fliegen –, werden immer unempfindlicher und schließlich resistent. Außerdem ist diese Art der Schädlingsabwehr – abgesehen von der Gesundheits- und Umweltbelastung – gar nicht besonders effektiv, wenn man einmal das Verhältnis von Aufwand und Nutzen abwägt!

Am wirksamsten ist auch heute noch die altbewährte Fliegenklatsche, mit der man bei einiger Übung eine erstaunlich hohe Erfolgsquote erzielt. Wichtig: Die Fliegenklatsche sollte immer griffbereit sein! Also am besten jeden Raum mit mindestens einer Klatsche ausstatten – das ist selbst bei einer Vierzimmerwohnung nicht teurer als eine Insektenspraydose mittlerer Preislage. In ländlichen Gegenden, wo die Insektenplage wesentlich schlimmer ist als in der Stadt, empfiehlt es sich, im Sommer Fliegengitter in die Fenster einzubauen.

Auf UV-Fallen sollten Sie auf jeden Fall verzichten –

sie machen nämlich durchaus nicht den Mücken, sondern den nützlichen Insekten den Garaus!

Ein paar Tips zum „Umgang“ mit Insekten im Freien:

– Schlagen Sie nicht nach Bienen, Wespen, Hummeln und Hornissen. Die Insekten stechen nur, wenn sie sich bedroht fühlen.

– Wenn das Gesumme zu unbehaglich wird: Eine Flasche mit Zuckerwasser und Essig wird zur Wespenfalle, mit der Sie von Ihrem Kuchen ablenken können. Wichtig ist der Essig, weil er die Wespen nicht stört, die Bienen aber von der Falle fernhält.

– Wenn Sie doch einmal gestochen werden, geraten Sie nicht gleich in Panik. Hausmittel wie kalte Umschläge, Salmiakgeist, Zwiebeln und Essigwasser helfen immer noch am besten. Nur bei Stichen am Kopf oder im Mund, oder wenn Sie unter Allergien leiden, sollten Sie zum Arzt gehen. Bei Atemnot, Blässe oder Kreislaufstörungen – wenn Ihr Körper also empfindlich reagiert – müssen Sie allerdings sofort ins Krankenhaus.

So schützen Sie sich gegen . . .

. . . Ameisen

– Ameisen verschwinden aus der Küche, wenn Sie Zitronenscheiben auf das Fensterbrett legen.

– Oder legen Sie kleine, in Zuckerwasser getränkte Schwämme da aus, wo Sie Ameisen entdecken. Die Schwämme regelmäßig aufsammeln und in heißes Wasser tauchen.

– Rote Ameisen vertreiben Sie aus der Speisekammer, wenn Sie einige Stiele frischen Salbeis auf die Regale legen.
– Ein gutes Mittel ist auch Zigarettenasche. Verfolgen Sie den Verlauf der Ameisenstraße, und leeren Sie über der Stelle, an der sie in Ihre Wohnung eindringen, einen Aschenbecher aus.
– Waschen Sie Ihre Schränke mit Essig oder Lavendel aus.
– Ein wirksames Ameisengift ist Pottasche (in der Drogerie erhältlich), die man mit Zucker vermischt.
– Oder streuen Sie Backpulver auf die Kriechstraße.

... Fliegen
– Fliegen vertreiben Sie, indem Sie einfach dem Putz- und Aufwischwasser etwas Essig zusetzen.
– Machen Sie Durchzug. Fliegen vertragen keinen Durchzug und verlassen die Wohnung.
– Hängen Sie einen Strauß Tomatenblätter ans Fenster.
– Stellen Sie kleine Schälchen mit Lorbeeröl (in der Apotheke erhältlich) auf.
– Dulden Sie einige Spinnennetze – diese sind wunderbare Fliegenfallen!

... Flöhe
– Füllen Sie kleine Kissen mit getrockneten Kamillenblüten oder Nußbaumblättern.
– Oder legen Sie frische Tomatenblätter oder Rainfarnpflanzen unter die Matratzen.
– Reiben Sie sich vor dem Schlafengehen mit Nelkenessenz (aus der Apotheke) ein.

– Stellen Sie eine Schüssel mit Seifenwasser und einer dünnen Schicht Öl auf, in deren Mitte eine Kerze oder ein Nachtlicht brennt. Die Flöhe, die gegen das Licht springen, werden vom Öl festgehalten und durch das Seifenwasser getötet.
– Setzen Sie dem Wischwasser für die Fußböden scharfen Essig zu.

... Kellerasseln
– Gießen Sie in eine Flasche einen Teelöffel Weingeist (aus der Apotheke), bespülen Sie die Innenwand, indem Sie die Flasche ein paarmal drehen und schütteln, und legen Sie sie offen so auf den Boden, daß die Mündung den Boden berührt und die Asseln bequem hineinkriechen können. Durch den Weingeist werden die Asseln betäubt, und man kann sie verbrennen.

... Motten
– Bürsten Sie Möbel und Teppiche mit einer starken Essiglösung aus.
– Ein ausgezeichnetes Mittel gegen Motten sind getrocknete Zitronenschalen, die man in kleinen Mullsäckchen in die Schränke hängt.
– Auch Lavendelsäckchen vertreiben Motten aus den Kleiderschränken.
– Oder füllen Sie kleine Mullsäckchen mit Gewürznelken.
– Auch Kampfer oder getrockneter Wermut (beides in der Apotheke erhältlich) erfüllt diesen Zweck.
– Eine weitere Möglichkeit: Halten Sie duftende Geranien in Blumentöpfen.

... Mücken

– Reiben Sie sich am ganzen Körper mit Mellissenessenz (aus der Apotheke) ein.

– Verbrennen Sie Weihrauch in den Zimmern (als Räucherstäbchen erhältlich).

– Blumentöpfe mit Duftgeranien vertreiben Mücken und sehen außerdem noch hübsch aus.

– Tragen Sie möglichst weiße Kleidungsstücke, auch blaßgrüne und blaßblaue Farben vertreiben Mücken. Rotgeblümte Stoffe dagegen ziehen sie an!

... Schaben

– Mischen Sie Borax und Zucker zu gleichen Teilen, und stellen Sie flache Schalen mit dieser Mischung auf.

... Wanzen

– Bestreichen Sie das Bettgestell mit Lavendelöl.

– Oder legen Sie frische Tomatenblätter oder Rainfarnblüten zwischen Bettuch und Matratze.

Sommerzeit – Grillzeit

Beim Grillen über Holzkohle kann im Fleisch Benzpyren, eine krebserregende Verbindung, entstehen. Unsachgemäß Gegrilltes kann einen höheren Anteil dieser Verbindung aufweisen, als nötig wäre. Beachten Sie bei Ihrer sommerlichen Grillparty die folgenden Tips.

– Die Grillzeit möglichst kurz halten, das Fleisch also nicht schon während der Rauchphase auf den Rost legen, sondern erst, wenn die Holzkohle gut durchgeglüht ist.

– Je länger das Fleisch gebraten wird, desto höher wird auch der Benzpyrenanteil. Dünne Fleischstücke sind besser als dicke, „medium" ist besser als „well done", mageres Fleisch günstiger als fettes.

– Hähnchenfleisch und Frikadellen sollten Sie nicht auf dem Holzkohlegrill braten, weil die Gefahr einer Salmonellenvergiftung besteht. Leider muß man auch von zu häufigem Genuß von Spanferkel und Ochse am Spieß abraten, da sie stundenlang über offenem Feuer gegrillt werden.

– Vermeiden Sie, daß Fett in die heiße Kohle tropft. Das Fett zersetzt sich bei den hohen Temperaturen, und der aufsteigende Rauch hinterläßt Benzpyren auf der Fleischoberfläche. Grillgeräte, bei denen sich die Holzkohle seitlich vom Fleisch befindet, sind geeigneter, weil dann kein Fett in die Glut tropft.

– Grillen Sie nie über brennenden Kiefernzapfen – dabei entwickelt sich in erhöhter Weise Benzpyren!

Legen Sie die Ernte auf Eis – Tips zum Kühlen und Gefrieren

Sommerzeit ist Erntezeit. Das Tiefgefrieren ist eine beliebte Form, den Erntesegen für den Winter zu konservieren. Die folgenden Tips zeigen Ihnen, wie Sie beim Kühlen und Gefrieren Energie sparen können.

– Gefriergeräte immer in einem kühlen Raum aufstellen. Schon wenn die Umgebungstemperatur 20 grad Celsius anstatt 21 Grad beträgt, verbraucht das Kühlaggregat etwa 6 Prozent weniger Strom!

– Achten Sie beim Kauf eines Gefriergeräts darauf, daß es eine Sparschaltung für halbe Füllung besitzt – Sie können damit den Energieverbrauch um immerhin 18 Prozent reduzieren.

– Kühl- und Gefriergeräte sollten in der Größe so dem individuellen Bedarf angepaßt sein, daß sie stets gut gefüllt sind, denn auch ein leerer Raum muß ständig gekühlt werden.

– Überlegen Sie, ob sich die Anschaffung eines Gefriergerätes wirklich lohnt. Wer hauptsächlich bereits Gefrorenes aus dem Supermarkt zu Hause tiefgekühlt lagern will, sollte bedenken, daß die Lagerung im Laden wesentlich kostengünstiger ist.

– Kühl- und Gefrierschränke sollten so wenig wie möglich geöffnet werden. Jedesmal entweicht durch die geöffnete Tür viel Kälte bzw. die Küchenwärme fließt in das Kühlgerät.
– Die energiesparendsten Kühlschränke haben übrigens kein Gefrierfach – jeder Stern bedeutet erhöhten Stromverbrauch.
– Auch eine elektrische Abtauautomatik erhöht den Energiebedarf – um etwa 10 Prozent.
– Wenn Sie in Ihrem Kühlschrank die Temperatur von +5 Grad Celsius auf +7 Grad Celsius erhöhen, sparen Sie rund 16 Prozent Energie ein.
– In Gefriergeräten ist eine Lagertemperatur von −18 Grad Celsius ausreichend. Tiefere Temperaturen braucht man nur zum Schockfrosten, also beim Einfrieren.
– Alle Kühl- und Gefriergeräte müssen ausreichend hinterlüftet sein. Gerade bei Kühlschränken werden die Lüftungsschlitze oftmals unbeabsichtigt zugestellt. Der Wärmestau läßt den Energieverbrauch dann unnötig ansteigen.
– Zweimal im Jahr sollten die Kühlschlangen gesäubert werden. Sie befinden sich meistens an der Rückseite des Kühlgerätes. Je schmutziger sie sind, desto schlechter ist der Wirkungsgrad dieser Luft-Wärme-Tauscher, und um so öfter schaltet sich das Aggregat ein.
– Stellen Sie keine warmen oder gar heiße Speisen und Getränke in den Kühlschrank.
– Kontrollieren Sie regelmäßig die Gummidichtungen der Türöffnungen, und lassen Sie sie gegebenenfalls erneuern.

– Mehr als zwei Millimeter Eis im Gefriergerät und drei Millimeter im Kühlschrank sollte man vermeiden! Eisansatz weist oft auf beschädigte Türdichtungen hin. Möglicherweise läßt man das Kühlgerät auch zu häufig offen stehen.

– Gefriergut sollte immer in einer äußerlich trockenen Verpackung ins Gefriergerät gelegt werden. Anderenfalls schlägt sich die eingebrachte Feuchtigkeit sofort als Eis am Verdampfer nieder.

Gedanken zum Abwasch

. . . von Hand

– Handgeschirrspülmittel enthalten sehr viele Tenside, von denen mehr oder minder kleine Spuren bei den Mahlzeiten mitgegessen werden. Deshalb Geschirr, Besteck und Töpfe mit klarem Wasser nachspülen und das Spülmittel sparsam verwenden!

– Wasserlösliche Stoffe – z. B. Zucker, Salz und Fruchtsäuren, aber auch frisches Hühnereiweiß, Saft und Wein – werden mit Spülmittel nicht besser beseitigt als mit reinem heißem Wasser.

– Biologische haut- und umweltfreundliche Handgeschirrspülmittel gibt es auch aus unbedenklichen Substanzen wie Molke, Milchsäure, Eiweißhydrolysat usw. Sie sind frei von Phosphaten, Enzymen, Alkalien und enthalten kein Chlor.

. . . mit dem Geschirrspüler

– Es ist Zeit- und Energieverschwendung, das Geschirr mit heißem Wasser von Hand vorzuspülen.

– Sie spülen wirtschaftlicher, wenn das Programm dem Verschmutzungsgrad des Geschirrs angepaßt ist! Nutzen Sie das Sparprogramm. Allerdings senkt ein Dauerbetrieb bei 55 Grad Celsius statt 65 Grad Celsius zwar die Betriebskosten, aber er führt schon bald zu unansehnlichem Geschirr, weil die Stärke nicht vollständig entfernt wird. Benutzen Sie also zwischendurch immer wieder einmal das 65-Grad-Programm.

– Verzichten Sie auf den Vorspülgang. Der Reinigungseffekt wird dadurch nicht spürbar erhöht – wohl aber der Korrosionsprozeß und der Energieverbrauch.

– Spülmittel für Geschirrspüler sind sehr viel gefährlicher als Spülmittel für den Abwasch von Hand. Achten Sie deshalb darauf, daß Kinder keinen Zugang zu den Mitteln haben!

– Auf Klarspüler können Sie verzichten – er sorgt lediglich für schnell trocknenden Glanz. Außerdem verbleibt er in Spuren auf dem Geschirr und kann auf diese Weise mit der Nahrung aufgenommen werden.

– Die meisten Maschinen benötigen einen bestimmten Wasserdruck, wenn sie einwandfrei funktionieren sollen. In jedem Fall muß sichergestellt werden, daß die Spülprogramme optimal ablaufen, damit auch alle Reste der Reiniger wirksam weggespült werden.

– Nur eine volle Spülmaschine ist eine zu rechtfertigende Haushaltshilfe – nicht nur aus Energiespargründen, sondern auch zur Gewässerentlastung.

– Auch für Spülmaschinen gibt es heute umweltfreundliche Reiniger. Sie sind frei von Phosphaten, Enzymen und Chlor und enthalten dafür beispielsweise nichtionische Tenside aus pflanzlichen Ölen, Citrate, Silikate und Karbonate. Sie erhalten diese alternativen Spülmittel im Reformhaus oder im Bioladen.

September

Bewußte Ernährung: Gesundheits- und Umweltschutz zugleich

Durch die zunehmende Umweltverschmutzung gibt es heute kaum noch Nahrungsmittel, die nicht in irgendeiner Weise belastet sind. Um so wichtiger ist es deshalb, eine bewußte Auswahl zu treffen, um die eigene Gesundheit nicht unnötig zu gefährden. Gleichzeitig ist eine bewußte Auswahl beim Einkauf aber auch ein wirksames Instrument, mit dem die Verbraucher die Erzeuger und Vertreiber dazu zwingen können, gesunde Lebensmittel auf den Markt zu bringen. Wenn niemand mehr Eier oder Fleisch von in Käfig gehaltenem Geflügel kauft, wenn niemand mehr das Gemüse abnimmt, das mit Kunstdünger und Insektenvertilgungsmitteln behandelt wurde, wenn im Gegenteil immer wieder nach naturbelassenen Lebensmitteln verlangt wird, wird dies schon bald seine Wirkung tun! Durch ein bißchen Nachdenken und durch das Brechen mit alten Gewohnheiten kann jeder einzelne gerade auf diesem Gebiet sehr viel verändern. Die folgenden Hinweise sollen dabei Hilfestellung leisten.

Darauf sollten Sie beim Einkauf achten

– Jeder Bundesbürger nimmt mit der Nahrung jährlich rund 150 Kilogramm Lebensmittelzusätze auf (darunter allerdings nur rund fünf Gramm Farbstoffe). Meiden Sie Lebensmittelzusätze, soweit es geht! Jeder dieser Stoffe mag – für sich genommen – ungefährlich sein (obwohl bekannt ist, daß einzelne Substanzen allergische Reaktionen hervorgerufen haben) – über das Zusammenwirken der einzelnen Verbindungen dagegen weiß man nichts.

– Vergleichen Sie die Zutatenlisten verpackter Lebensmittel. Bevorzugen Sie solche, die mit gar keinen oder wenigen Zusatzstoffen auskommen. Viele Zusatzstoffe sollen Qualität nur vortäuschen! Durch Verzicht auf solche Lebensmittel können Sie dazu beitragen, die Hersteller auf lange Sicht dazu zu zwingen, auf solche Chemikalien in Lebensmitteln zu verzichten.

– Verzehren Sie möglichst wenig Fleisch und Wurst.

– Vor allen Dingen essen Sie nur wenig Innereien wie Leber und Nieren – darin sammeln sich die aus der Umwelt aufgenommenen Schadstoffe!

– Essen Sie eher Hammel- und Rindfleisch als Kalb- und Schweinefleisch.

– Verzehren Sie möglichst keine gepökelte Wurst (Schinken) oder mit Käse überbackene Fleischwaren.

– Kaufen Sie lieber beim Metzger als im Supermarkt ein, am besten – wenn es nicht zu teuer ist – bei einem Bio-Metzger.

– Verwenden Sie keine Eier aus der Käfighaltung und möglichst nur Eier von freilebenden Hühnern.

– Beziehen Sie Ihre Milch am besten als Rohmilch direkt vom Hof (vom Biobauern!) oder als Vorzugsmilch aus dem Reformhaus.

– Ansonsten ziehen Sie frische Vollmilch der H-Milch vor.

– Kaufen Sie Milch und Milcherzeugnisse möglichst in Glasbehältern.

– Obst und Gemüse möglichst frisch vom Markt kaufen. Dabei auf Biogemüse und -obst achten!

– Im Lebensmittelgeschäft nur unverpacktes Obst und Gemüse kaufen.

– Kaufen Sie nicht die ganz großen und schönen Früchte und Gemüse – diese sind oft zu viel gedüngt, mit Chemikalien behandelt und vom Geschmack her ganz unbefriedigend.

– Zu empfehlen sind Reformhaus-Produkte mit dem Warenzeichen „neuform“. Diese werden regelmäßig kontrolliert und halten strenge Schadstoffgrenzwerte ein.

– Prüfen Sie kritisch, ob das Adjektiv „biologisch“ nicht Etikettenschwindel ist! Mit diesem Prädikat wird viel Schindluder getrieben und dadurch den ernsthaften Biobauern und -händlern geschadet, nicht zuletzt auf Kosten der Verbraucher.

So schützen Sie sich vor Salmonellen-Bakterien

– Die Auftauflüssigkeit von tiefgefrorenem Geflügel könnte lebensfähige Salmonellen enthalten. Wischen Sie die Flüssigkeit nicht mit einem Küchenhandtuch auf, das Sie weiterhin benützen wollen – verwenden Sie lieber Küchenpapier. Waschen Sie danach Ihre Hände. Garen Sie das Geflügel sofort nach dem Auftauen ganz durch.
– Kartoffelsalat, Mayonnaise sowie Milchprodukte sollten niemals mit rohem Fleisch in Berührung kommen! Diese Lebensmittel bilden nämlich den idealen Nährboden für Salmonellen-Bakterien, die möglicherweise im rohen Fleisch stecken.
– Braten Sie Hähnchen und Frikadellen immer sofort ganz durch. Auch bei Lagerung des rohen Fleisches im Kühlschrank vermehren sich die Salmonellen-Bakterien!
– Tatar oder Mett müssen frisch durchgedreht sein und sollten umgehend gegessen oder sofort eingefroren werden. Denken Sie daran, daß nach dem Auftauen die Bakterien wieder „aufwachen“!
– Halten Sie fleischhaltige Mahlzeiten nicht über längere Zeit warm. Temperaturen zwischen 40 und 60 Grad sind ideale Vermehrungsbedingungen. Erst bei mehr als 60 Grad ist eine Abtötung der Keime gewährleistet.
– Braten Sie Fleisch auf keinen Fall nur äußerlich an, um es dadurch zu konservieren. Dadurch verschafft man den Bakterien im Inneren eines Braten einen hervorragenden Nährboden.

So schützen Sie sich vor Schimmelpilzen

– Obwohl es mit Konservierungsstoffen behandelt ist, ist geschnittenes Brot wegen seiner großen Oberfläche am meisten gefährdet. Im Brot kann sich der Schimmel ausbreiten, ohne optisch sichtbar zu sein. Angeschimmeltes Brot deshalb auf jeden Fall ganz wegwerfen!

– Auch andere angeschimmelte Backwaren sowie Nüsse, Getreideflocken oder Mandeln sollten unbedingt weggeworfen werden.

– Statt Schnittbrot lieber einen Brotlaib kaufen. Er ist weit weniger anfällig gegen Schimmel als geschnittenes Brot und braucht deshalb auch nicht mit Konservierungsstoffen behandelt zu werden. Wenn Sie den Laib geschnitten haben, können Sie die Scheiben einfrieren und nach Belieben wieder auftauen.

– Anders sieht es bei stark zuckerhaltigen Nahrungsmitteln aus, z. B. bei Konfitüre und Marmelade. Zucker ist ein so starkes Konservierungsmittel, daß es hier ausreicht, den Schimmelbelag „abzuschöpfen".

– Besondere Vorsicht ist bei Erdnußflips geboten. Sie enthalten häufig Aflatoxin (ein Stoffwechselprodukt der Schimmelpilze), das Leberkrebs auslösen kann.

So schützen Sie sich vor Solanin

Unter Einwirkung von Licht kann sich in Kartoffeln Solanin bilden – die Kartoffeln bekommen grüne Stellen. In höheren Konzentrationen kann dieses Gift zu Sehstörungen und Erbrechen sowie zu Leber- und Gallenerkrankungen führen. Beachten Sie deshalb die folgenden Hinweise!

– Wenn Kartoffeln grün geworden sind, werfen Sie sie weg! Auch das Ausschneiden und Kochen kann unzureichend sein, weil sich das Solanin möglicherweise schon in der Kartoffel verteilt hat.

– Weisen Sie Kartoffeln, die schon im Laden grün sind, zurück. Kein Mensch kann von Ihnen erwarten, daß Sie giftige Lebensmittel kaufen.

– Lagern Sie Ihre Kartoffeln kühl, trocken und dunkel, damit erst gar kein Solanin entstehen kann.

So schützen Sie sich vor Benzpyren

Bei der Erzeugung jeder Art von Räucherrauch entstehen wahrscheinlich weit über 1000 (!) verschiedenartige Substanzen, von denen einige bekannte Krebserreger sind. Dazu zählt vor allem das Benzpyren.

– Jeder dritte Kochschinken enthält Benzpyren. Verzehren Sie deshalb nicht zu häufig gekochten Schinken.

– Dunkel geräucherte Lebensmittel sollten nicht öfter als einmal alle zwei Wochen gegessen werden.

– Bei dunkelgeräuchertem Koch- und Rohschinken unbedingt die äußerste schwarze Schicht entfernen! Dadurch können Sie die Benzpyrenanteile um bis zu 80 Prozent verringern.

– Beachten Sie auch die Grilltips auf Seite 125!

So schützen Sie sich vor Schwefel

– Wenn Sie Trockenfrüchte heiß waschen, können Sie zumindest einen Teil des Schwefels entfernen.
– Trockenobst wird auch ungeschwefelt angeboten – z. B. in Reformhäusern und Bioläden. Sie können es – im Backofen oder im Dörrgerät – auch selbst herstellen!
– Bei Wein gilt die Regel: Je „schwerer" der Wein, desto höher der Schwefeldioxidgehalt. Wer auf Spät- oder Auslesen nicht verzichten will, sollte seinen Händler nach ungeschwefeltem Wein fragen. (Man kann bei der Weinherstellung durchaus auf Schwefeldioxid verzichten!)

So schützen Sie sich vor Schwermetallen . . .

. . . in Fischen:

Die Schwermetalle Quecksilber und Cadmium, aber auch Rückstände von Pestiziden werden in erheblichen Mengen sowohl in Seefischen (besonders aus der Ostsee) als auch in Flußfischen nachgewiesen. Beachten Sie deshalb die folgenden Hinweise.
– Ohne Bedenken können gegessen werden: Hering, Kabeljau (auch Dorsch genannt), Makrele, Seelachs, Rotbarsch, Schellfisch, Seehecht und Scholle.
– Selten verzehrt werden sollten dagegen: Blauleng (auch Lengfisch genannt), Flunder und Stint.
– Verzichten sollte man besser auf: weißen Heilbutt, Eishai und Heringshai.

– Auch Schillerlocken sollte man meiden – diese werden aus Haifisch hergestellt.
– Auf Fische aus den mit Schadstoffen besonders belasteten Flüssen der Bundesrepublik (Rhein, Elbe, Main, Donau) sollte man besser ganz verzichten.
– Hechte, Zander und Barsche am besten nur dann verzehren, wenn sie in sauberen Gewässern gefangen wurden.
– Aale aus der Elbe und deren Mündungsgebiet unbedingt ganz meiden!
– Miesmuscheln nicht häufiger als höchstens einmal wöchentlich essen.
– Auch Austern und Krebse aus heimischen Gewässern sollten nur selten verzehrt werden. Dabei vor allem auf das dunkle Krebsfleisch verzichten – es enthält zehnmal soviel Cadmium wie das weiße!
– Thunfischkonserven aus Mittelmeerländern sollten wegen ihres hohen Quecksilbergehaltes ganz gemieden werden.

... in Pilzen:

Wildpilze enthalten oft in hohem Maße Schwermetalle aus der Luft und aus dem Boden (Blei, Cadmium, Quecksilber). Beachten Sie deshalb die folgenden Hinweise:
– Pro Person und Woche möglichst nicht mehr als 200 bis 250 Gramm Wildpilze essen – das entspricht ein bis zwei Pilzmahlzeiten wöchentlich.
– Bei der Zubereitung der besonders belasteten wildwachsenden Champignonarten sollten Sie die Lamellen sowie nach Möglichkeit auch die Huthaut entfernen.

Hier werden die höchsten Schwermetallkonzentrationen gefunden!
– Wenn Sie regelmäßig Pilze verzehren, verzichten Sie nach Möglichkeit auf andere schwermetallbelastete Lebens- und Genußmittel (Nieren, Fisch, Zigaretten).

So schützen Sie sich vor Schadstoffen in Obst und Gemüse

– Verzehren Sie grundsätzlich nur Obst und Gemüse, das gründlich mit warmem Wasser gewaschen wurde. Auf ungewaschene Früchte oder wildwachsende Beeren vom Straßenrand unbedingt verzichten!
– Obst und Gemüse, das man schälen kann (Äpfel, Birnen, Gurken, Möhren usw.) sollte unbedingt geschält oder geschabt werden.
– Obst und Gemüse mit gekräuselter, behaarter oder rauher Oberfläche (Grünkohl, Salat, Stachelbeeren, Erdbeeren, Pfirsiche) sollte noch intensiver gewaschen und geputzt werden als solche mit glatter Oberfläche (Tomaten usw.). Kleinbeerige glatte Früchte (Johannisbeeren, Blaubeeren usw.) haben eine vergleichsweise große Oberfläche und müssen deshalb besonders gründlich gewaschen werden.
– Bei geschlossen gewachsenen Gemüsen (Kohlköpfe, Kopfsalat usw.) sollten die äußeren Deck- oder Hüllblätter, die unmittelbar der Schadstoffbelastung ausgesetzt sind, vollständig entfernt werden.
– Auch die Zubereitung des Gemüses hat einen Einfluß

auf den Schwermetallgehalt. Buschbohnen und Kohlrabi lieber dämpfen als kochen, Möhren besser kochen als dämpfen. Das Kochwasser möglichst nicht weiterverwenden, sondern abgießen.

– Kaufen Sie kein Obst und Gemüse, das direkt an verkehrsreichen Straßen angeboten wird. Schmutz und Bleirückstände lagern sich auf den Lebensmitteln ab.

– Geben Sie Säuglingen bis zum vierten Lebensmonat keinen frischen Spinat.

– Spinat und grüne Bohnen am besten nur frisch gekocht servieren, nicht aufwärmen. Gekochtes Gemüse nicht bei Zimmertemperatur stehen lassen, sondern kühl aufbewahren.

– Verzichten Sie im Winter auf Treibhausspinat und Salat – die Nitratgehalte sind wesentlich höher als bei Freilandgemüse im Sommer! Greifen Sie lieber auf die typischen „Wintergemüse“ zurück: Möhren, Rot-, Grün- und Weißkohl oder Rosenkohl.

Die dritte Haut

Nach der Körperhaut und der Kleidung ist unsere Behausung – Zimmer, Wohnung oder Haus – die dritte uns umgebende Hülle. Die mehr oder weniger behagliche Einrichtung kann einen großen Einfluß auf unser seelisches Wohlbefinden haben. Aber auch unsere körperliche Gesundheit kann abhängig sein von den Materialien, mit denen wir uns umgeben. Auf den folgenden Seiten finden Sie deshalb Hinweise und Ratschläge zum gesunden, umweltgerechten Bauen, Wohnen und Renovieren. Wenn Sie sich den einen oder anderen Tip zunutze machen, tun Sie sich selbst etwas Gutes – und der Umwelt dazu, denn die gesundheitsschädlichen Materialien sind natürlich auch in ihrer Herstellung in hohem Maße umweltbelastend.

Baustoffe

– Verwenden Sie statt kunstharzgebundener Spanplatten (die Formaldehyd enthalten) lieber mineralgebundene (Magnesit) oder zementgebundene Spanplatten. Diese haben keine giftigen Ausdünstungen.
– Spanplatten, die als „gasdicht“ angeboten werden,

verhindern die Freisetzung von Formaldehyd nicht – allenfalls verzögern sie sie.

– Mineralgebundene Spanplatten ohne Formaldehyd gibt es beispielsweise von der Firma Cloos und der Funder-Verkaufsgesellschaft. Achten Sie beim Einkauf auf diese Herstellerbezeichnungen.

– Verwenden Sie nur Gipskartonplatten aus Naturgips.

– Empfehlenswert sind die Produkte der Hersteller Rigips und Gebrüder Knauf. Diese Gipskartonwerke arbeiten mit Naturgips, der nur eine geringe radioaktive Belastung aufweist.

– Verwenden Sie auf keinen Fall Urea-Formaldehyd (UF)-Isolierschäume!

– Verwenden Sie vorzugsweise alternatives Dämmaterial, z.B. Dämmschüttungen aus Blähton (aufgeschäumte Glas- und Steinkügelchen), die von der Firma Icopal-Leca angeboten werden. Auch künstliche Mineralfasern sind als Isoliermaterial geeignet. Steinwolle und Glaswolle (nichttextile Glasfasern) dagegen sollten Sie vermeiden!

– Empfehlenswerte Dämmplatten werden beispielsweise von der Firma Heraklith hergestellt. Dabei handelt es sich um langfaserig gehobeltes Fichtenholz, das mit Magnesia als Bindemittel zusammengepreßt wird. Heraklithplatten haben ähnliche Eigenschaften wie Holz. Sie sind außerdem feuerhemmend, geruchsneutral, nicht radioaktiv, gegen Pilz- und Insektenbefall resistent und schalldämmend.

– Verwenden Sie keine asbesthaltigen Materialien.

– Auch Blumenkästen, Fassadenelemente und Dachschindeln, die der Witterung ausgesetzt sind, sollten

asbestfrei sein, weil nicht ausgeschlossen werden kann, daß auf lange Sicht durch Verwitterung Asbestfasern freigesetzt werden.
– Verwenden Sie anstelle von Asbest textile Glasfasern.
– Vermeiden Sie dagegen nicht-textile Glasfasern, z. B. Glaswolle, Steinwolle, Schlackenwolle und keramische Wolle.

Holzschutzmittel

– In Innenräumen sollten Sie auf Holzschutzmittel ganz verzichten und zur Oberflächenbehandlung nur giftfreie Mittel z. B. Naturharze, Bienenwachs oder Leinölprodukte verwenden.
– Wollen Sie Ihre Innenraum-Holzverkleidungen dennoch vorsorglich gegen Schädlingsbefall schützen, verwenden Sie Borax oder Soda – beides sind relativ ungefährliche Holzschutzmittel.
– Holzverkleidungen müssen immer gut belüftet werden! Trockenes Holz ist der beste Garant gegen Pilzbefall. Bei einem Wassergehalt von unter 20 Prozent haben Pilze keine Chance.
– Wenn Sie trotzdem Holzschutzmittel verwenden: Beschränken Sie sich auf Mittel, die das Prüfzeichen des Instituts für Bautechnik tragen.

Benutzen Sie Handschuhe.

Beachten Sie genau die Herstellerangaben für die Anwendung.

Beschränken Sie sich auf einen Anstrich.

Lüften Sie gründlich!

Verwenden Sie für Innenräume kein Holzschutzmittel, das einen oder mehrere der folgenden Stoffe enthält: PCP, Endosulfan, Quecksilberverbindungen, Tributylzinnverbindungen. (Diese Stoffe müssen auf den Etiketten ausgewiesen sein!)

– Bewahren Sie Holzschutzmittel kindersicher auf – sie stellen eine erhebliche Gefährdung dar.

– Holzschutzmittelreste und auch geleerte Kanister nicht in die Mülltonne werfen! Sie gehören zum Sondermüll, erkundigen Sie sich gegebenenfalls bei den zuständigen Behörden.

Farben und Lacke

– Verwenden Sie Binderfarben, die für den Außenbereich bestimmt sind, auf keinen Fall für Innenräume! Sie enthalten oft Zusätze, die in normal temperierten Zimmern überflüssig sind, aber möglicherweise ausdünsten können.

– Vermeiden Sie Pinselreiniger, die chlorierte Lösemittel enthalten. Alte Pinsel lassen sich wieder einsatzfähig machen, wenn man sie in eine Mischung aus heißem Wasser und Essigessenz taucht. Auch Reinigungsbenzin ist wirksam und nicht so schädlich.

– Verwenden Sie Farben, Lacke und Rostschutzmittel, die mit dem „Blauen Engel“ ausgezeichnet wurden, also schadstoffarm sind.

– Bei größeren Malerarbeiten, die Sie nicht selbst ausführen können, sollten Sie sich eine Firma suchen, die bereit ist, Naturfarben oder schadstoffarme Lacke zu verwenden. Viele Maler haben keine Erfahrung mit solchen Anstrichfarben und wollen deshalb für das Ergebnis keine Garantie übernehmen. Andererseits steigt der Anteil der Handwerker, die die mit dem „Blauen Engel" ausgezeichneten Lacke kennen und verwenden.

– Sollten Sie noch Lackreste besitzen, die hohe Lösemittelanteile enthalten, sollten Sie beachten, daß der Trocknungsvorgang bei einer lackierten Fläche bis zu sechs Wochen dauern kann. Während dieser Zeit gelangen die Hauptmengen der Lösemittel in die Raumluft, auch wenn Sie die Stoffe nicht mehr riechen. Lüften Sie solche Räume also besonders lange und gründlich.

Fußbodenbeläge

– Natürliche Fußbodenmaterialien haben viele Vorteile, wenn man sie nicht chemisch behandelt. Naturfasern sind frei von gefährlichen Ausdünstungen, wenn sie nicht mit Chemikalien getränkt oder behandelt wurden (z. B. mit dem Insektizid Eulan, das fest auf der Faser sitzt und als Faserstaub in die Luft gelangt).

– Bei Natursteinböden sollten Sie auf Materialien achten, die eine geringe radioaktive Strahlung haben! Als besonders geeignet gelten Dolomit (Herkunft: Hannover, Westfalen, Odenwald), Solnhofer (Herkunft: Fränkischer Jura, Solnhofen, Eichstätt) und Travertin (Herkunft: Bad Cannstatt, Langensalzach, Italien).

– Wolle hat flammenhemmende Eigenschaften. Demgegenüber müssen Kunstfasern mit Hilfe von chemischen Zusätzen flammenresistent gemacht werden. Bei Hausbränden können sich dadurch aus Kunststoffen giftige Gase entwickeln.
– Holzfußböden möglichst nicht mit umweltfeindlichen Kunststofflacken, sondern mit pflanzlichen Naturlacken versiegeln.
– Verwenden sie keine asbesthaltigen Fußbodenbeläge. Kunststoffbeläge ohne Asbest erkennen Sie am „Blauen Engel".

Extra-Tips-Extra-Tips-Extra-Tips-Extra-Tips-Extra-Tips

– Verwenden Sie beim Bauen natürliche, unverfälschte Baustoffe wie Holz, Ziegel, Lehm, Kalk. Sie müssen feuchtigkeitsregulierend, atmungsaktiv, wenig radioaktiv und regenerationsfähig sein.
– Das Haus sollte auf einem geologisch ungestörten, strahlungsunbelasteten Platz stehen.
– Wenn Sie planen, ein Haus zu bauen, sollten Sie sich auch einmal von einem baubiologisch orientierten Architekten beraten lassen.
– Prüfen Sie auch die verschiedenen Angebote der Hersteller biologischer Fertighäuser.
– Belastungen, die aus Inneneinrichtungen stammen (z. B. aus Teppichen, Wänden, Holzverkleidungen usw.) kann man durch regelmäßiges Lüften nicht beseitigen.

Gehen Sie den Ursachen nach, und lassen Sie Messungen durchführen!

– Die Ausdünstungen von Teppichen, Tapeten und Textilien können Sie selbst testen, wenn Sie ein Probestück über Nacht in ein Schraubdeckelglas legen. Nach 24 Stunden prüfen Sie, ob die Materialien geruchlich wahrnehmbare Gase abgegeben haben.

– Sollten Sie bei Bezug eines Neubaus unter Augenreizungen leiden, lassen Sie die Raumluft auf Formaldehyd überprüfen. Auskünfte erteilt die „Arbeitsgruppe Formaldehyd“ am Institut für Baubiologie, Heilig-Geist-Str. 54, 8200 Rosenheim.

Oktober

Energiesparen beim Kochen und Backen

Viele Dinge tun wir nicht aus Überzeugung, sondern ohne viel darüber nachzudenken aus Gewohnheit. Das trifft auch für die Benutzung von Küchengeräten – insbesondere von Küchenherden – zu. Hier wird einiges an Energie verschwendet – nur weil man es „schon immer" so gemacht hat. Energie ist knapper geworden, ihre Erzeugung belastet die Umwelt – Grund genug also nachzudenken und umzudenken. Dabei kann man rund ein Drittel der beim Kochen und Braten verwendeten Energie einsparen!

Auf den nächsten Seiten finden Sie Tips und Hinweise, wie's gemacht wird.

– Beim Kochen mit Gas verbraucht man nur halb so viel Primärenergie als beim Kochen mit Elektroplatten!

– Aber auch beim Kochen auf dem Elektroherd läßt sich Energie sparen, wenn man sich an einige Grundregeln hält.

– Um eine optimale Wärmeübertragung von der Herdplatte zum Kochtopf zu erzielen, braucht man das richtige Kochgeschirr. Dazu gehört beispielsweise, daß die Topfböden möglichst eben geschliffen sind. Am Boden verbeulte Töpfe können die Garzeit um bis zu 40 Prozent verlängern.

– Auch die Herdplatte braucht entsprechende Pflege.
– Wichtig zur optimalen Energieausnutzung: Passen Sie die Topfbodenfläche der Größe der Herdplatte an. Zu große Gefäße, deren Böden über die Platten hinausstehen, geben viel Wärme an die Luft ab – man braucht längere Zeit zum Kochen. Zu kleine Töpfe verschwenden ebenfalls Energie, weil sie die Küche mitheizen. Beispielsweise gehen – wenn von der Kochplatte nur ein Rand von etwa anderthalb Zentimetern zu sehen ist – schon bis zu 30 Prozent der eingesetzten Energie verloren!
– Decken Sie die Töpfe möglichst immer zu, denn ständiges Abdampfen bedeutet unnötigen Wärmeverlust. Je besser die Deckel schließen, desto geringer ist der Energieverlust. Was viele nicht wissen: Durch einen nur fingerbreit geöffneten Deckel wird fast genausoviel Wärme verschenkt wie bei einem offenen Topf!
– Verwenden Sie immer den kleinstmöglichen Topf, und nehmen Sie zum Garen immer so wenig Wasser wie möglich. Zuviel Flüssigkeit erhöht den Energieverbrauch.
– Schalten Sie den Elektroherd immer schon einige Minuten vor Beendigung der Garzeit ab. Elektrokochplatten speichern nach dem Abschalten die Wärme noch längere Zeit – diese Nachwärme reicht zur Beendigung des Kochvorganges aus.
– Erwägen Sie die Anschaffung eines Dampfdrucktopfes! Mit diesem lassen sich Speisen bei 110 bis 120 Grad Celsius unter Luftabschluß garen. Die Ersparnis an Zeit und Energie ist beachtlich: Bei Fleisch und Kohl beispielsweise kann der Energieaufwand um 50 bis 60 Pro-

zent verringert werden (bei einer Zeitersparnis von 50 bis 80 Prozent), Kartoffeln und Gemüse sind schon in fünf bis sieben Minuten gar und brauchen 30 bis 40 Prozent weniger Energie. Bei Reis und Suppen spart man immerhin noch 20 bis 30 Prozent Energie und 20 bis 40 Prozent Zeit ein. Außerdem weisen die im Dampfdrucktopf zubereiteten Speisen einen höheren Vitamingehalt auf.

– Kochen Sie Nahrungsmittel nicht tot! Dabei werden nicht nur viele Vitamine und Enzyme zerstört und die Mineralien und Spurenelemente im Kochwasser gelöst – zerkochte Speisen schmecken auch fad.

– Schmoren Sie nur größere Fleischstücke im Backofen, kleinere dagegen im Topf auf der Herdplatte.

– Mit nur einem Brot oder Kuchen ist weder der Backofenraum noch die aufzuwendende Energie voll ausgenutzt. Zwei bis drei Brote bzw. Kuchen oder zusätzliche andere Speisen (beispielsweise zum Vorbacken und späteren Einfrieren) nutzen Platz und Energie besser aus und helfen außerdem Geld sparen!

– Wenn Sie sich einen neuen Herd anschaffen wollen, sollten Sie sich für einen mit umluftbeheiztem Backofen entscheiden. Darin können Sie mehrere Gerichte gleichzeitig zubereiten – sogar Fisch und Kuchen vertragen sich ohne Geschmacksübertragung.

– Wenn Sie ein Liebhaber überbackener Toasts oder ähnlicher Gerichte sind, sollten Sie sich die entsprechenden Kleingeräte anschaffen – es ist einfach unwirtschaftlich, für zwei Toasts den dafür viel zu großen Backofen aufzuheizen.

November

Gesund in den Winter!

„Gesundheit ist nicht alles – aber ohne Gesundheit ist alles nichts“, sagte Schopenhauer einmal. Gerade im Herbst und Winter sind viele Menschen besonders anfällig gegen Erkrankungen aller Art. Diese Tatsache soll ein Anlaß sein, sich einmal ganz allgemein einige Gedanken über Krankheitsvorsorge und Gesundheitspflege zu machen. Die meisten von uns leben ja heute unter Umständen, die man nicht anders als ungesund und krankheitsfördernd bezeichnen kann. Aber diese Umstände sind durchaus nicht immer von Faktoren abhängig, die außerhalb unseres Einflußbereiches liegen! Eine gesunde Ernährung, ausreichend frische Luft und Bewegung kann sich wohl jeder verschaffen. Damit ist schon ein Wesentliches an Vorbeugung geleistet. Und treten dann wirklich Erkrankungen auf, sollte man überlegen, ob wirklich gleich immer „harte“ Medikamente notwendig sind, ob man nicht viel lieber auf bewährte Hausmittel zurückgreifen sollte, die oft genausogut helfen, ohne schädliche oder unübersehbare Nebenwirkungen zu haben. Schwerere Erkrankungen und Fälle, bei denen man sich im Zweifel ist, gehören natürlich in die Hand des Arztes – aber oft kann man sich auch selber helfen. Auf den folgenden Seiten finden Sie eine Fülle von Hausmitteln, auf die Sie zurückgreifen können.

Hausmittel gegen Weh und Wunden

Abszesse

– Legen Sie ein Zwiebelkataplasma auf. Dazu wird eine Zwiebel im Backofen gegart und mit der Gabel zerdrückt. Der Brei wird heiß auf den Abszeß aufgetragen und mit einer heißen Kompresse bedeckt.
– Oder kochen Sie eine Zwiebel in wenig Wasser und tränken Sie eine Kompresse mit dem Kochsaft.
– Oder tränken Sie eine Kompresse in einer Salbeiabkochung (etwa drei Eßlöffel Salbei einige Minuten lang in einem halben Liter Wasser kochen lassen).

Akne

– Wichtig ist eine ausgewogene Ernährung mit viel Rohkost und Ballaststoffen. Auf Schweinefleisch, Eier, Süßigkeiten und Alkohol unbedingt verzichten!
– Auch Bewegung an der frischen Luft und vor allen Dingen ein guter Stuhlgang sind wichtig!
– Dampfbäder und Kompressen mit Huflattich, Pfefferminze, Johanniskraut, Schafgarbe, Salbei und Schachtelhalm sind ebenfalls empfehlenswert. (Alle Kräuter erhalten Sie in der Apotheke.)
– Machen Sie ein- bis zweimal monatlich eine Heilerdemaske: Dazu einen Eßlöffel Heilerde (aus der Apotheke) mit etwas heißem Wasser zu einem leicht flüssigen Brei anrühren, auf das gereinigte Gesicht auftragen und antrocknen lassen. Dann abspülen.
– Bewährt haben sich Tees aus den folgenden Kräutern (einzeln oder als Mischung): Kletten, Wegwarte, Ackerstiefmütterchen, Löwenzahn.

Appetitlosigkeit

– Als Begleitung einer fieberhaften Erkrankung ist Appetitlosigkeit naturgewollt!

– Oft hilft Fasten, um einen gesunden Appetit wiederherzustellen.

– Für Tees empfehlen sich die folgenden Kräuter (alle in der Apotheke erhältlich), einzeln oder als Mischung: Alant, Hopfen, Wermut, Thymian, Melisse, Pfefferminze.

– Porree und Brunnenkresse regen den Appetit an und sollten deshalb möglichst häufig Verwendung finden.

Aufstoßen

– Oft rührt das Aufstoßen von zu heftigem Essen her! Lassen Sie sich also Zeit, Ihre Mahlzeit zu genießen. Kauen Sie auch gut dabei!

– Empfehlenswert ist außerdem ein Tee aus Enzianwurzeln.

– Oder trinken Sie nach den Mahlzeiten ein Glas ziemlich heißes Wasser, dem Sie den Saft einer halben Zitrone und etwas Honig zugesetzt haben.

– Essen Sie viel Kohl und Sauerkraut.

Augenentzündung

– Oft helfen warme Fußbäder. Überhaupt sollte man auf warme Füße achten!

– Mehrmals täglich eine Tasse Frauenmanteltee trinken.

– Oder trinken Sie Tee aus Augentrost.

– Kompressen mit Augentrost (in der Apotheke erhältlich) sind ebenfalls ein bewährtes Mittel.

Bandscheibenbeschwerden
– Linderung schaffen heiße Bäder und Bettruhe.
– Wichtig ist auch die Ernährung, die viel Ballaststoffe enthalten und durch Rohkost ergänzt werden sollte.

Bettnässen
– Als Teekräuter – einzeln oder in Mischungen – empfehlen sich: Schafgarbe, Goldrute, Johanniskraut, Tormentillwurzel.
– Bettnässen kann auch durch Darmträgheit hervorgerufen werden – deshalb auf einen geregelten Stuhlgang achten.
– Empfehlenswert sind auch heiße Fichtennadelfußbäder vor dem Schlafengehen.
– Bettnässen hat oft psychische Ursachen, die unbedingt berücksichtigt werden sollten.

Bindehautentzündung
– Oft führen chronische Verstopfung, kalte Füße oder falsche Brillengläser zu Bindehautentzündungen. Achten Sie auf einen geregelten Stuhlgang, sorgen Sie für warme Füße, und lassen Sie Ihre Brille überprüfen.
– Hilfreich sind Dampfbäder und Kompressen mit Fenchel und Kamille.
– Gießen Sie einen Eßlöffel Kornblumen mit einer Tasse kochendem Wasser auf. Zehn Minuten ziehen lassen, abseihen. Mit Kornblumenwasser getränkte Kompressen auf die Augen legen.

Blähungen

– Langsam essen, gut kauen, wenig, dafür öfter essen – das hilft meistens schon gegen Blähungen.

– Außerdem sollte man Hülsenfrüchte, Zucker und Weißmehlprodukte vermeiden.

– Wichtig ist ein guter Stuhlgang.

– Bei schmerzhaften Blähungen auf den Bauch legen. Oder eine Wärmflasche auflegen.

– Als Teekräuter empfehlen sich – einzeln oder in Mischungen –: Pfefferminze, Fenchel, Anis, Kümmel.

Blutdruckstörungen

– *Zu hoher Blutdruck:*

– Wichtig ist eine rohkostreiche Ernährung.

– Luftbäder und Spaziergänge sind ebenfalls empfehlenswert.

– Innere Ausgeglichenheit führt auch zu einem ausgeglichenen Blutdruck. Versuchen Sie es einmal mit autogenem Training!

– Als Teekräuter empfehlen sich: Rosmarin, Ehrenpreis, Lavendel.

– Alkohol sollte auf jeden Fall gemieden werden!

– Essen Sie viel Knoblauch.

– Verzichten Sie auf Salz, ersetzen Sie Zucker durch Honig (Honig hat blutdrucksenkende Eigenschaften).

– *Zu niedriger Blutdruck:*

– Als Teekräuter empfehlen sich: Weißdorn, Eisenkraut, Alant, Birkenblätter.

– Viel Bewegung in frischer Luft ist ein wesentlicher Gesundungsfaktor.

– Trockenbürsten und leichte Gymnastik sind ebenfalls empfehlenswert.

Bluterguß

– Erste Hilfe: feuchte Wickel, Einreibungen mit verdünnter Arnikatinktur.

Brandwunden

– Legen Sie auf kleinere Brandwunden rohe Kartoffelscheiben auf – so entstehen keine Blasen.
– Machen Sie Wickel mit in schwarzem Tee getränkten Tüchern.
– Legen Sie einen mit Honig bestrichenen Umschlag auf.
– Oder legen Sie frische, gewaschene Efeublätter auf die Wunde.

Brechdurchfall

– Als Teekräuter empfehlen sich: Wermut, Katzenschwanz, Angelikawurzeln.
– Feuchte, heiße Umschläge auf Bauch- und Magengegend sind wohltuend und lindernd.

Bronchitis

– Empfehlenswert sind Inhalationen mit Salzwasser- oder Kamillendämpfen.
– Als Teekräuter empfehlen sich: Ehrenpreis, Thymian, Schafgarbe, Bibernellwurzel, Spitzwegerich.
– Auch heiße Fußbäder in Salzwasser sind heilsam.
– Essen Sie viel rohen Knoblauch, Zwiebeln, Kohl, vitaminhaltige Gemüse.

– Versuchen Sie es einmal mit lauwarmen Salzumschlägen auf die Bronchiengegend.

Darmträgheit

– Trinken Sie jeden Morgen auf nüchternen Magen eine Tasse lauwarmes Wasser mit etwas Honig.

– Oder trinken Sie morgens und abends je ein Glas Wasser mit zwei Eßlöffeln Obstessig und zwei Eßlöffeln Honig.

– Oder essen Sie jeden Morgen auf nüchternen Magen eine Mischung aus drei Teelöffeln Leinsamen, drei Teelöffeln Quark und drei Teelöffeln Honig.

– Essen Sie viel Gemüse, vor allem als Rohkost!

– Als Teekräuter empfehlen sich: Brombeerblätter, Ehrenpreis, Tausendgüldenkraut.

– Trinken Sie auf nüchternen Magen ein Gläschen Dörrpflaumensaft.

– Oder essen Sie einige am Abend vorher eingeweichte Dörrpflaumen.

Durchfall

– Als Teekräuter empfehlen sich Passionsblume, Baldrian, Weißdorn, Majoran.

– Hilfreich ist auch das Kauen getrockneter Heidelbeeren.

– Auf jeden Fall ist Fasten zu empfehlen.

– Aber auch Joghurt und Kefir können gegen Durchfall helfen.

– Manchmal hilft schon eine Tasse starker, schwarzer ungesüßter Tee.

Ekzeme

– Als Teepflanzen empfehlen sich: Arnika, Alant, Lavendel, Brennessel, Rose, Salbei, Ringelblume.

– Von großer Wichtigkeit ist die Ernährung: kein Schweinefleisch (am besten gar kein Fleisch), wenig Milch, kein Kochsalz, viel Rohkost.

– Eine gute Wirkung hat das täglich mehrmalige Begießen des Ekzems mit klarem kaltem Wasser und nachfolgendes Trockentupfen mit einem weichen sauberen Tuch.

Erkältungen

– Zitronensaft in jeder Form – am besten heiß mit Honig – ist ein gutes Vorbeugungs- und Heilmittel.

– Als Teekräuter empfehlen sich: Königskerze, Pfefferminze, Schafgarbe, Holunder, Eibisch, Thymian.

– Sehr wirksam sind auch heiße Fußbäder vor dem Schlafengehen.

– Geben Sie frischen, geriebenen Meerrettich an die Speisen.

– Essen Sie möglichst viel Zwiebeln.

Fieber

– Fieber ist keine Krankheit! Meistens ist es bereits ein Heilungsprozeß, mit dem der Körper sich selbst hilft.

– Wohltuend ist bei Fieber mit heißem Wasser verdünnter Zitronensaft.

– Auch Holunderblütentee mit etwas Honig ist gut.

– Als Teepflanzen empfehlen sich außerdem: Schafgarbe, Birkenblätter, Kamille, Eukalyptus, Fenchel, Enzian, Pfefferminze, Brennessel, Rose, Salbei.

Frostbeulen

– Wechselwarme Fußbäder bringen Linderung.

– Auch Fußbäder mit Eichenrinde helfen. Dazu eine Handvoll Eichenrinde (aus der Apotheke) eine halbe Stunde lang köcheln lassen und den Absud dem Fußbad zusetzen.

– Versuchen Sie es auch mit vorsichtigen Massagen mit einem guten Pflanzenöl (Olivenöl, Avocadoöl, süßes Mandelöl usw. – alle in der Apotheke erhältlich).

– Im Winter bringen kurze Abreibungen mit Schnee Erleichterung.

– Vor allen Dingen: Tragen Sie niemals zu enges Schuhwerk!

– Ein altes Hausmittel: Binden Sie Zitronenscheiben auf die Frostbeulen. Bei wiederholter Anwendung soll dies zum Verschwinden der Frostbeulen führen.

Gallenleiden

– Essen Sie viel Rettiche.

– Oder trinken Sie einige Wochen lang täglich ein Gläschen Rettichsaft (im Reformhaus erhältlich).

– Auch Hefekuren können helfen: dazu über einige Wochen jeden Tag etwas Bierhefe (aus dem Reformhaus) essen.

– Folgende Teekräuter empfehlen sich: Bärlapp, Bibernell, Schafgarbe, Tausendgüldenkraut, Löwenzahn, Wegwarte, Pfefferminze.

– Meiden Sie Schweinefleisch und alle blähenden Speisen.

Gicht

– Schmerzen werden durch heiße Essigumschläge gelindert.

– Verzichten Sie auf Fleisch, Fisch, Kaffee und Tee.

– Als Teepflanzen empfehlen sich: Ackerschachtelhalm, Lindenblätter und -blüten, Eschenblätter, Weidenrinde, Holunderblüten.

– Auch Moorbäder tragen zur Heilung bei.

– Essen Sie viel Knoblauch!

Hämorrhoiden

– Als Teepflanzen empfehlen sich: Hirtentäschel, Erdrauch, Schafgarbe, Königskerze, Kerbel, Taubnessel, Lavendel, Salbei, Veilchen.

– Sitzbäder in Milch, der ein Kerbelabsud zugesetzt wurde, sind ebenfalls heilsam.

– Bei starken Schmerzen hilft auch ein Sitzbad in einem Absud aus Haferstroh und Kamille.

– Essen Sie viel Rohkost!

Halsschmerzen

– Trinken Sie verdünnten Zitronensaft mit Honig.

– Gurgeln Sie mit Zitronensaft, den Sie mit heißem Wasser 1:1 verdünnt haben.

– Schlagen Sie ein Eiweiß zu Schnee, und ziehen Sie unter ständigem Weiterschlagen zwei Teelöffel Honig unter. Lassen Sie diesen Schaum löffelweise im Munde zergehen.

– Legen Sie lauwarme Salzumschläge auf den Hals.

Heiserkeit

– Trinken Sie Selterswasser mit Honig, der vorher in warmem Wasser aufgelöst wurde.

– Oder inhalieren Sie Kochsalzdämpfe. Übergießen Sie eine Handvoll Salz mit kochendem Wasser und atmen unter einem Handtuch die aufsteigenden Dämpfe ein.

– Als Teekräuter empfehlen sich: Bibernellwurzeln, Königskerze, Ehrenpreis.

– Geben Sie den Saft einer Zitrone in ein Glas warmes Salzwasser und gurgeln Sie damit.

– Oft helfen schon feuchte Halswickel.

– Geben Sie einen Teelöffel Apfelessig in ein Glas Wasser. Nehmen Sie davon stündlich einen Schluck, mit dem Sie gurgeln und einen Schluck, den Sie nach dem Gurgeln trinken.

– Oder vermischen Sie einen Teelöffel frisch geriebenen Meerrettich mit einem Eßlöffel Honig, und essen Sie diese Mischung.

Herzbeschwerden

– Herzbeklemmungen und nervöses Herzklopfen läßt sich durch das Auflegen von warmen Essigumschlägen auf die Herzgegend oft sehr rasch lindern.

– Empfehlenswert sind folgende Teekräuter: Weißdorn, Melisse, Baldrian, Schafgarbe, Rosmarin.

Heuschnupfen

– Fasten und kräftiges Abführen wirkt meistens sehr entlastend.

– Als Teekräuter empfehlen sich Meisterwurz, Bibernelle und Waldmeister.

– Auch Nesselspülungen mit einem Absud von Eichenrinde sind lindernd.
– Oder versuchen Sie es mit einem Dampfbad, dem etwas Essig zugesetzt ist.
– Das verringert die Anfälligkeit: Nehmen Sie jeden Morgen auf nüchternen Magen einen Eßlöffel Honig.

Hexenschuß
– Versuchen Sie es mit Einreibungen mit Kampfer-, Johanniskraut-, Pfefferminz-, Kamille- oder Lavendelöl.
– Auch heiße Bäder mit o. g. Ölen, wirken lindernd.
– Oder machen Sie heiße Essigumschläge.
– Ein altes Hausmittel: Zerdrücken Sie heiße, gekochte Kartoffeln, schlagen sie in ein wollenes Tuch ein und legen Sie sie auf die schmerzende Körperstelle.

Hühneraugen
– Legen Sie eine zerdrückte Knoblauchzehe auf das Hühnerauge und befestigen Sie sie mit einem Pflaster oder einer Binde.
– Auch zerkleinerte Efeublätter und Zwiebeln, auf das Hühnerauge aufgelegt, vertreiben dieses.
– Nehmen Sie Fußbäder in Ringelblumenabsud.

Husten
– Als Teepflanzen empfehlen sich: Knoblauch, Angelika, Anis, Basilikum, Königskerze, Eukalyptus, Fenchel, Eibisch, Sauerampfer, Petersilie, Thymian, Lindenblüten.
– Manchmal hilft es schon, eine heiße Wärmflasche zwischen die Schulterblätter zu legen.

– Ein altes Hausrezept ist Zwiebelsaft: Dazu werden zwei Liter Wasser mit 500 Gramm Zwiebeln zwei Stunden lang geköchelt. Die Zwiebeln durch ein Sieb pressen, den Saft mit Honig süßen.
– Starker Hustenreiz wird durch Leinsamentee gelindert.
– Empfehlenswert ist auch ein heißes Fußbad vor dem Schlafengehen.

Ischias
– Als Teekräuter empfehlen Sich: Tausendgüldenkraut, Rainfarn, Faulbaumrinde, Hopfen.
– Auch Sauerkrautkuren können heilsam sein. Essen Sie zwei Wochen lang täglich ein halbes Pfund Sauerkraut über den ganzen Tag verteilt.
– Füllen Sie Farnkrautblätter in kleine Säckchen und legen Sie sich darauf.
– Wärme ist wichtig. Tragen Sie deshalb möglichst Wollwäsche – zumindest im Winter.

Kopfschmerzen
– Legen Sie sich ein Handtuch, das Sie in kaltes Wasser getaucht und ausgewrungen haben, um den Kopf.
– Lindernd wirken auch Wechselfußbäder und Trockenbürsten.
– Oder legen Sie Ihre Arme einige Minuten lang in kaltes Wasser.
– Oder legen Sie in Zitronenwasser getauchte Kompressen auf die Schläfen.
– Mitunter hilft eine Ernährungsumstellung, die viel Rohkost enthält.

– Als Teepflanzen empfehlen sich: Waldmeister, Ehrenpreis, Frauenmantel, Pfefferminze, Nelkenwurz, Gartenraute.

Krampfadern

– Als Teepflanzen empfehlen sich Rosmarin, Ehrenpreis, Lavendel, Frauenmantel, Fünffingerkraut, Melisse, wohlriechendes Veilchen.

– Lagern Sie zum Schlafen die Beine etwas höher als den übrigen Körper.

– Nehmen Sie keine Sonnenbäder.

– Trinken Sie viel Obst- und Karottensaft.

– Stellen Sie Ihre Ernährung auf eine vitamin- und ballastreiche Kost um (Vollkornbot, Sauerkraut!).

Leberleiden

– Alkohol ist tabu! Der Fettverbrauch sollte auf ein Minimum eingeschränkt werden.

– Als Teekräuter empfehlen sich: Schafgarbe, Wermut, Leberblümchen, Tausendgüldenkraut, Berberitze, Schöllkraut, Anis, Birkenblätter, Rosmarin.

– Meiden Sie Speisen mit scharfen Gewürzen, Gefrorenes und kalte Getränke.

– Als Heilkost gilt Quark mit Honig.

– Essigumschläge regen die Lebertätigkeit an.

Lungenleiden

– Als Teekräuter empfehlen sich: Lungenkraut, Meisterwurz, Bibernell, Alant, Ehrenpreis, Schafgarbe, Eibisch, Löwenzahn, Spitzwegerich.

Magenbeschwerden

– Oft hilft etwas Kartoffelbrei, frisch gegessen, oder auch ein Gläschen frisch gepreßter Kartoffelsaft.

– Als Teepflanzen empfehlen sich: Schafgarbe, Anis, Weißdorn, Kamille, Fenchel, Lavendel, Majoran, Melisse, Pfefferminze, Salbei, Thymian.

Mandelentzündung

– Täglich dreimal einen halben Teelöffel Leinöl einnehmen.

– Als Teekräuter empfehlen sich: Birkenblätter, Hauhechel, Spitzwegerich.

– Vor dem Schlafengehen einen feuchtkalten Halswikkel anlegen, darüber ein Wolltuch wickeln.

– Lindernd wirkt das Gurgeln mit warmem Salzwasser.

– Pinseln Sie den hinteren Rachenraum mit Zitronensaft und Honig aus.

– Bei Fieber sind Bettruhe und Fasten angezeigt.

– Wichtig ist eine gute Verdauung!

Menstruationsbeschwerden

– Legen Sie in Essig getränkte Kompressen auf den Unterleib.

– Als Teekräuter empfehlen sich: Zinnkraut, Hirtentäschelkraut, Schafgarbe, Frauenmantel, weiße Taubnessel.

– Lindernd wirken auch Moorbäder.

– Auch heiße Fußbäder wirken entkrampfend.

– Oder legen Sie sich eine Wärmeflasche auf den Leib.

Migräne

– Wichtig: viel Bewegung an frischer Luft.

– Als Teekräuter empfehlen sich: Baldrian, Kamille, Basilikum, Pfefferminze, Faulbaumrinde, Thymian, Rosmarin.

– Empfehlenswert sind Fußbäder im Absud von Farnkraut.

– Trinken Sie ein bis zwei Tassen starken schwarzen Kaffee.

– Baden Sie die Unterarme in kaltem Wasser.

Muskelkrämpfe

– Entspannungsübungen, Massagen und Gymnastik sind meistens ein gutes Mittel.

– Außerdem empfiehlt sich der Verzicht auf Genußmittel wie Tabak, Alkohol und Kaffee.

– Hilfreich sind auch Luft- und Sonnenbäder sowie Tau- und Wassertreten.

– Lindernd wirken Einreibungen mit Arnikatinktur.

– Als Teekräuter empfehlen sich: Schafgarbe, Weißdorn, Hirtentäschel, Kamille, Lavendel, Melisse, Majoran, Salbei, Thymian.

Nasenbluten

– Flach hinlegen, ein feuchtes Tuch auf Nacken oder Hals legen.

– Hilfreich ist es auch, Essigwasser in die Nase einzuziehen.

– Oder versuchen Sie es mit kalten Wadenwickeln.

– Oder tränken Sie einen Wattebausch mit dem Absud von Schafgarbe und stecken ihn in das Nasenloch.

Nervosität

– Baden Sie in Ölen oder Abkochungen von Lindenblüten, Baldrian, Melisse.
– Sorgen Sie für Bewegung an frischer Luft.
– Meiden Sie Alkohol und Nikotin.
– Als Teekräuter empfehlen sich:
Waldmeister, Melisse, Frauenmantel, Thymian, Pfefferminze, Baldrian, Lavendel, Johanniskraut.
– Nehmen Sie vor dem Schlafengehen warme Fußbäder, in denen Sie Salz aufgelöst haben.
– Lernen Sie Autogenes Training.

Nierenleiden

– Wohltuend und schmerzlindernd wirken warme Kompressen oder eine Wärmflasche.
– Als Teekräuter empfehlen sich:
Blutwurz, Taubnessel, Bibernelle.
– Verwenden Sie für Ihre Speisen viel Schnittlauch, Petersilie und Knoblauch.
– Verzichten Sie auf scharf gewürzte Speisen, auf Fleisch und auf Alkohol.
– Viel trinken: Tees, Mineralwasser.

Ohrenschmerzen

– Legen Sie frisches Farnkraut aufs Ohr.
– Zerschneiden Sie eine Zwiebel, braten Sie diese kurz an und geben Sie sie in ein Mullsäckchen. Dieses aufs Ohr legen – selbst der schlimmste Schmerz ist bald vorüber.
– Nehmen Sie heiße Fußbäder, denen etwas Senfmehl (aus der Apotheke) zugesetzt ist.
– Trinken Sie regelmäßig Lavendeltee.

Rheumatismus

– Hilfreich sind Einreibungen mit Rosmarintinktur (aus der Apotheke).

– Vermeiden Sie Übergewicht. Essen Sie mäßig, und verzichten Sie auf fettes Fleisch und Alkohol.

– Schwitzen ist heilsam, z. B. in der Sauna, beim Turnen oder Tanzen.

– Auch Moorbäder helfen, außerdem Bäder, denen die Inhaltsstoffe der folgenden Pflanzen zugesetzt sind: Majoran, Klette, Kamille, Holunder, Mädesüß, Tanne, Farnkraut.

– Geben Sie Farnkraut in Ihre Matratze.

– Tragen Sie ein Kupferarmband – bei manchen Menschen hilft das tatsächlich.

– Als Teekräuter empfehlen sich: Katzenschwanz, Hirtentäschel, Brennessel, Kamille, Lavendel, Majoran, Pfefferminze.

– Nehmen Sie Fußbäder in Brennesselabsud.

Schlaflosigkeit

– Erlernen Sie das Autogene Training.

– Sorgen Sie für Bewegung an frischer Luft.

– Vermischen Sie in einem Glas Wasser zwei Eßlöffel Apfelessig und zwei Eßlöffel Honig, und trinken Sie dies vor dem Schlafengehen.

– Oder versuchen Sie es mit dem altbewährten Glas Milch vor dem Schlafengehen.

– Nehmen Sie warme Bäder mit Zusätzen von Lindenblüten, Melisse oder Baldrian.

– Als Teekräuter empfehlen sich: Lindenblüten, Eisenkraut, Majoran, Frauenmantel, Baldrian, Hopfen.

– Machen Sie vor dem Schlafengehen einen kleinen Spaziergang.
– Trinken Sie ein Glas Bier vor dem Schlafengehen.
– Verzichten Sie auf Tee, Kaffee und Alkohol.
– Sehen Sie abends nicht mehr fern.
– Versuchen Sie, Ihr Bett so aufzustellen, daß der Kopf zur Nordseite zu liegen kommt.

Schluckauf
– Lassen Sie ein Stück mit Essigwasser beträufelten Zucker langsam im Mund zergehen.
– Halten Sie den Atem an und zählen Sie bis zehn.
– Lassen Sie eine Messerspitze Salz auf der Zunge zergehen.

Schnupfen
– Ziehen Sie lauwarmes Salzwasser durch die Nase auf. In kürzeren Abständen wiederholen.
– Als Teekräuter empfehlen sich: Frauenmantel, Augentrost, Pfefferminze, Schlüsselblumen.
– Nehmen Sie vor dem Schlafengehen ein Fußbad, dem Sie eine Handvoll Kochsalz zugesetzt haben.
– Hilfreich sind auch Dampfbäder mit Kamille.

Sodbrennen
– Als Teekräuter empfehlen sich:
Bitterklee, Wermut, Anis, Weißdorn, Enzian, Malve, Melisse, Salbei.
– Lutschen Sie Lakritzpastillen.
– Essen Sie viel Sauerkraut.
– Trinken Sie etwas Salzwasser.

– Zerkauen Sie einige Wacholderbeeren und schlucken Sie sie hinunter.
– Auch ein Gläschen erwärmte Milch hilft.

Wunden
– Baden Sie die Wunden zweimal täglich in einem Aufguß von Frauenmantel, Bibernelle oder Eichenrinde.
– Legen Sie frische, saubere (!) Schafgarbeblätter auf.
– Wunden verheilen schneller, wenn man sie täglich mehrmals mit etwas Honig einreibt.
– Eines der besten Wundheilungsmittel ist das Sonnenlicht.
– Wunden mit Johanniskrautöl oder Lavendelöl bestreichen.
– Kompressen in einem Absud der folgenden Pflanzen tränken und auf die Wunde auflegen: Wermut, Schafgarbe, Frauenmantel, Arnika, Taubnessel, Melisse, Immergrün, Rose, Salbei, Thymian.

Zahnschmerzen
– Spülen Sie den Mund mit dem Absud einer der folgenden Pflanzen: Kamille, Schöllkraut, Eibisch, Lavendel, Majoran, Melisse, Rosmarin, Bohnenkraut, Salbei, Thymian.
– Stecken Sie eine Gewürznelke in die Zahnlücke.
– Oder geben Sie zwei Tropfen Nelkenöl auf zwei Wattebäuschchen. Einen Bausch an den schmerzenden Zahn halten, den andern in das Ohr der gleichen Seite stecken.
– Wange und Zahnfleisch mit etwas Farngeist einreiben.
– Auch das Auflegen von grünem Farnkraut auf die Wange hilft.

Dezember

Weihnachtsgeschenke ohne Gefahr für Mensch und Umwelt

– Kaufen Sie kein buntes Porzellan, Steingutgeschirr, Glas- oder Emaillewaren in den Farben Gelb, Orange und Rot – sie enthalten Cadmiumfarbpigmente!
– Kaufen Sie auch kein cadmiumhaltiges Spielzeug, das u. a. aus PVC-Kunststoffen hergestellt wird.
– In Lego-Steinen gibt es seit 1983 kein Cadmium mehr.
– Spielwaren und Scherzartikel aus Weichplastik – beispielsweise Nachbildungen von Lebensmitteln und Radiergummis in Form von Keksen und Lutschern – sind lebensgefährlich, wenn sie verschluckt werden! Bei uns ist die Herstellung solcher Gegenstände verboten, aber sie werden immer noch importiert, vor allem aus Taiwan und Hongkong.
– Mit Experimentierkästen, die Chemikalien enthalten, sollten Sie Ihre Kinder nur unter Aufsicht spielen lassen und die Kästen hinterher sicher verschließen.
– Das Ätzen von Glas ist keine Beschäftigung für Kinder! Verzichten Sie deshalb darauf, Ihr Kind mit diesem Hobby vertraut zu machen.